财政税收与经济管理探析

杭庆华　靳　莉　董海慧◎著

中国书籍出版社
China Book Press

图书在版编目（CIP）数据

财政税收与经济管理探析 / 杭庆华, 靳莉, 董海慧著 . -- 北京：中国书籍出版社，2023.12
ISBN 978-7-5068-9733-4

Ⅰ.①财… Ⅱ.①杭… ②靳… ③董… Ⅲ.①财政管理—经济管理—研究—中国②税收管理—经济管理—研究—中国 Ⅳ.①F812.2②F812.423

中国国家版本馆CIP数据核字(2023)第234731号

财政税收与经济管理探析
杭庆华　靳　莉　董海慧　著

图书策划	邹　浩
责任编辑	毕　磊
责任印制	孙马飞　马　芝
封面设计	博健文化
出版发行	中国书籍出版社
地　　址	北京市丰台区三路居路97号（邮编：100073）
电　　话	（010）52257143（总编室）　（010）52257140（发行部）
电子邮箱	eo@chinabp.com.cn
经　　销	全国新华书店
印　　厂	北京四海锦诚印刷技术有限公司
开　　本	710毫米×1000毫米　1/16
印　　张	11.75
字　　数	216千字
版　　次	2024年4月第1版
印　　次	2024年4月第1次印刷
书　　号	ISBN 978-7-5068-9733-4
定　　价	68.00元

版权所有　　翻印必究

前　言

现代财政既是国家凭借政治权力行使政府职能的财务收支活动，更是国家参与经济活动的主要形式和途径，同时，它无疑还是国家宏观调控经济的最有力的工具。总而言之，财政是国家各级政府的经济活动。因此，如同企业的财务一样，国家财政也涉及收入、支出和计划管理等三方面的活动。

财政税收既是国计民生的命脉，也是确保国家机器正常运行的基本保障。财政政策体现了国家发展的主导性，财政税收既关系到国家长远的发展，也关系到改善民生大计。财政税收对社会资源配置、收入分配，企业经济活动、居民切身利益及政府决策行为具有重大影响，并在经济、医疗、教育、社保，惠及民生、促进就业、构建和谐社会等各方面发挥着越来越重要的积极作用。

本书是财政经济专著，主要研究财政税收与经济管理创新，本书从财政的概念与职能、支出、收入介绍入手，针对财政政策与国家预算进行了分析；接着探讨了税收与现代国家治理的关联，并基于思想、机制、方法、人力及组织五个方向阐述了税收征管模式运行的保障；另外对经济管理理论与企业可持续发展进行了研究，着重研究了新时代背景下的经济管理战略创新；最后针对数字经济，为经济管理与创新的发展方向提供了一些建议；对财政税收与经济管理的应用创新有一定的借鉴意义。

在本书的写作过程中，参考和借鉴了一些知名学者和专家的观点及论著，从其中得到启示，在此向他们表示深深的感谢。由于作者学识水平和时间所限，书中难免存在缺点和谬误，敬请同行专家及读者指正，以便进一步完善提高。

目 录

前　言 …………………………………………………………………………… 1

第一章　财政概述 ……………………………………………………………… 1

  第一节　财政的一般概念与职能 …………………………………………… 1

  第二节　财政支出 …………………………………………………………… 8

  第三节　财政收入 …………………………………………………………… 20

第二章　财政政策与国家预算 ………………………………………………… 30

  第一节　财政政策的目标和工具 …………………………………………… 30

  第二节　财政政策与货币政策 ……………………………………………… 35

  第三节　财政政策的实践 …………………………………………………… 41

  第四节　复式预算与预算外资金 …………………………………………… 47

第三章　税收与现代国家治理 ………………………………………………… 53

  第一节　现代国家治理下的税收职能 ……………………………………… 53

  第二节　国家治理与税收确立方式 ………………………………………… 58

  第三节　国家治理与政府间税收划分 ……………………………………… 61

  第四节　基于国家治理思考的税收与居民消费 …………………………… 64

第四章　税收征管模式运行的保障 …………………………………………… 69

  第一节　税收管理员制度及完善 …………………………………………… 69

  第二节　税收执行力的评价及提升 ………………………………………… 74

第三节　税务管理理念的转变 …………………………………… 81
　　第四节　税务机关有效管理的思考 ……………………………… 88
　　第五节　纳税评估理论及创新 …………………………………… 94

第五章　经济管理理论与企业可持续发展 ………………………… 104
　　第一节　经济管理的相关理论 …………………………………… 104
　　第二节　现代管理与经济管理者的素质培养 …………………… 111
　　第三节　企业可持续发展与财务 ………………………………… 116
　　第四节　经济管理完善推动企业可持续发展 …………………… 121

第六章　新媒体时代背景下的经济管理战略创新 ………………… 127
　　第一节　新媒体时代对企业经济管理创新的影响 ……………… 127
　　第二节　动态复杂环境下的企业战略敏捷度 …………………… 130
　　第三节　战略管理与社会责任 …………………………………… 137
　　第四节　长尾战略与跨界竞争战略 ……………………………… 141
　　第五节　大数据战略与模块化战略 ……………………………… 147

第七章　数字经济管理与创新发展方向 …………………………… 155
　　第一节　数字经济的创新管理与产业转型 ……………………… 155
　　第二节　数字经济的管理战略抉择 ……………………………… 166
　　第三节　数字经济的发展框架与对策建议 ……………………… 173

参考文献 ……………………………………………………………… 178

第一章 财政概述

第一节 财政的一般概念与职能

一、财政的一般概念

(一) 财政现象

在现实经济生活中，我们每个人几乎都与财政有着各种各样的联系，通过各种方式、渠道与财政"打交道"。那么，究竟什么是财政？从中文的字面意思上看，"财"是一切钱财、货物的总称；"政"则是指行政事务。所以，如果从字面上解释，"财政"就是指有关钱财、货物方面的行政事务。

(二) 国家财政

财政特指政府的钱财事务，而政府是国家权力机关的执行机关，所以，人们又把政府财政称为国家财政。在现实社会中，国家财政作为一种特殊的分配现象，是整个社会经济活动的重要组成部分，为人们所经常接触，并与国家、集体及个人的利益密切相关。

国家通过税收等形式筹集的钱或财，通常称为国家财政收入。国家通过安排财政支出，拨出各种经费和基金，用于兴修水利、开荒造林、改良土壤等，使农民受益；用于兴办铁路港口、发展交通运输，可使工商业受益；用于举办各项社会公共福利事业，可使人民受益；用于军队、警察等国防开支，可抵御维护社会秩序，保证人们能在和平安定的环境中工作和生活。上述种种都属于财政现象，而"缴税""支出"和"受益"体现了财政收支的全过程。财政收支改变了各经济主体占有社会产品的份额，涉及国家、集体和个人的利益，因此财政是一种分配和再分配活动。财政分配和再分配活动总是围绕实现国家职能的需要，并以国家为主体进行的。国家必须凭借手中的政治权力从物质生产领域强制和无偿地征收一部分自己所需的社会产品。

（三）财政的定义

1. 国家分配论

财政是国家为了满足实现其职能的物质需要，并以其为主体，强制地、无偿地参与社会产品分配的分配活动及其所形成的分配关系。

2. 剩余产品论

财政是一种物质关系，即经济关系，是随着社会生产的不断发展，在剩余产品出现以后逐渐形成的社会对剩余产品的分配过程。

3. 社会共同需要论

财政是为满足社会共同需要而进行的分配活动，在国家存在的情况下，这种分配活动表现为以国家为主体的分配活动。

上述各种定义具有以下共同点。

①就现代财政而言，大多数定义都同意，财政是一种国家（政府）行为。

②财政是一个分配范畴。

③财政活动是社会再生产活动的一个有机组成部分。

二、国家财政的一般特征

（一）财政是一个经济范畴

财政是一个经济范畴，这可以从两个方面来考察。首先，从财政与社会再生产的关系看，社会再生产是由生产、分配、交换、消费四个环节组成的一个统一的有机整体，通常把社会再生产整体称为经济。财政是以国家为主体分配的活动，是社会再生产分配环节的一个组成部分，自然属于经济范畴。其次，从经济基础与上层建筑的关系来看，社会生产关系的总和称为经济基础，生产关系总和包括生产资料所有制、人们在生产过程中的地位及其相互关系、分配关系。财政在参与社会产品分配的过程中，必然与社会各方面发生以国家为主体的分配关系，这种分配关系是整个社会分配关系的组成部分，包括在社会生产关系总和之中，财政属于经济范畴。至于说，财政要按国家制定的财政方针政策和规章制度去进行分配，则体现了上层建筑对经济基础的反作用。

（二）财政是一个历史范畴

所谓历史范畴是指事物不是从来就有的，也不是永存的，而是随着一定条件的产生而产生，随着一定条件的发展而发展，随着一定条件的消亡而消亡的。财政与国家有着本质联系，它是为满足国家实现其职能的物质需要，伴随着国家的产生而产生的，同时也随着国家的变化与发展，经历了由简单到复杂、由不完善到逐步完善的历史发展过程。

（三）财政的一般特征

财政的一般特征即财政的共性，是指在各种社会形态下的国家财政所共有的性质，是从财政个性中抽象出来的。每一个事物都包含了矛盾的特殊性和普遍性，普遍性存在于特殊性之中。由于社会生产力不同，社会政治经济制度不同，不同社会形态下国家财政的性质、服务对象、收支形式、收支内容和分配过程，所体现的分配关系也各不相同、各有其特点。各种社会形态下国家财政的一般特征可概括为以下几方面。

1. 财政分配具有国家主体性

对财政分配的国家主体性，应从三个方面理解：其一，国家产生以前没有财政分配，在任何社会形态下的国家中，凡不是以国家为主体的分配都不属于财政分配的范围；其二，财政分配的目的是保证国家履行其职能的需要，是为统治阶级利益服务的，具有鲜明的阶级性；其三，财政分配关系的建立和调整，其主动权完全掌握在国家手中，国家居于主导地位，财政分配的方式、方向、结构、范围、数量、时间等，都必须按国家的需要进行，由国家主宰决定，而分配的另一方则处于从属和服从的地位。

2. 财政分配依据国家权力

财政分配之所以具有国家主体性，是因为财政分配凭借的是国家权力。首先运用国家政治权力，包括国家立法权、行政权、司法权三个方面。国家在根本大法中规定了征税的基本权利。在各单项法规中，规定了各项具体财政征收和财政支出的法规，规定了征收程序。国家财政机关根据国家法律法规赋予的权力，对企业和居民进行财政征收，支付财政资金，并在组织财政收支的全过程中进行财政监督，对违反财政法规者给予行政处罚。国家司法机关则对那些严重违反财政法规的个人和单位直接责任人给予法律制裁。其次是运用国家拥有的财产权利。国家除了拥有政治权力，还拥有大量财产，如矿山、森林、河流、海洋、国有企业、社会公共事业等，从而拥有了财产权。国家规定哪些财产属于国家所有，规定国有资产有偿使用的程序和方法。国家还以商品交换主体身份，以信用形式参与分配。国家作为债权人，让渡其商品使用权，要收取利息；国家作为债务人，暂时取得商品使用权，要付出利息。国家信用分配不是孤立进行的，它以财产权利为后盾，因为国家的经济实力乃是信用的物质基础。

3. 财政分配具有强制性

财政分配总以国家的政治治理为前提，财政是国家治理的基础和重要支柱。通过法律、条例、制度等强制进行。法律明确规定，纳税是公民的光荣义务，所有负有纳税义务的单位和个人必须依法纳税，如有违反就要受到法律的制裁。财政收入的分配使用也是由国家统一安排的，各使用财政资金的部门和单位必须严格按国家规定组织实施，违者必究。

4. 财政分配具有无偿性

所谓无偿分配，一般是指分配对象的单方面转移。国家利用各种财政手段（纯财政手段）征收上来的财政资金不再归还，拨付出去的资金不再收回。

必须明确的是，强调财政具有无偿性特征，并不排除国家灵活运用信用方式筹集和分配使用财政资金的可能性和必要性。一方面，国家可通过发行公债、利用外资等形式来吸收资金，增加财政收入；另一方面，国家为了提高财政资金的使用效益，对某些项目和支出可采用信贷的方式来供应资金。但是，财政分配中的信用形式，只是财政分配的补充形式，而且根据国家经济实力的情况可多可少，可有可无，它不能决定财政分配无偿性这一重要特征。

三、财政的职能

财政职能与政府职能密切相关。政府职能是财政职能形成的前提，决定着财政职能；财政职能是政府职能的一个重要的内在组成部分，也是实现政府职能的重要手段。

所谓职能，一般是指由事物内在本质所决定的该事物客观上具有的功能。财政职能即财政在一定经济模式下具有的功能，这种功能是客观存在的，而且是相对稳定的。

财政职能与财政作用存在一定的区别。财政职能表明财政活动能对经济、社会产生影响，但实际的影响如何，取决于具体的政策和制度安排。财政政策和制度安排得科学、合理，运作顺畅，就可以促进经济社会的发展；反之，则会阻碍经济社会的发展。财政职能对经济社会实际产生的具体效果和影响，就是财政的作用，财政作用是财政职能运用的结果。

基于市场失灵和政府的职能范围，通常认为财产具有三大职能：一是提高资源配置效率，二是促进收入的公平分配，三是保持经济的稳定和增长。据此，财政职能可以归结为：资源配置职能、收入分配职能、稳定经济职能。

（一）资源配置职能

1. 资源配置的含义

所谓资源配置，是指通过对现有的人力、物力、财力等社会经济资源的合理分配，实现资源结构的合理化，使其得到最有效的使用，获得最大的经济和社会效益。

高效的配置资源或者资源的合理配置，实质上是对社会劳动的合理分配和有效使用。在商品经济条件下，资源的合理配置是由价值规律通过市场进行调节的。在市场竞争中，受利益的驱使，每一个经济活动主体会不断调整其对资源的配置，使之获得利润最大化。因此，健全的市场体系是实现资源合理配置的一个重要条件。

在商品经济条件下，人力资源和物力资源的配置取决于财力资源的配置，即取决于资金流向和流量的不断调整。社会主义财政作为资金分配的枢纽，对资源的合理配置具有重要作用。财政的资源配置职能，就是通过财政对资金的分配最终实现优化资源配置的目标。

2. 政府资源配置的手段

政府在资源配置方面主要采用两种手段，即预算安排和制度安排。

（1）预算安排

预算安排是通过政府预算的支付安排，实现对现实资源的直接配置，如政府投资、政府采购等。

（2）制度安排

制度安排主要包括以下三项内容。

①环境性制度，主要是指市场体系建设和资源配置环境改善方面的财政制度安排。

②制约性制度，主要是纠正外部效应、保障充分竞争等方面的财政税收制度安排。

③引导性制度，即通过财政税收制度的安排，来引导资源配置。如通过税种的设置（如消费税）和规范化的税收减免、税率区别对待政策等，引导企业投资方向，在国民经济中扶持短线、抑制长线，促进新型龙头产业的发展。

3. 资源配置职能的主要内容

财政在资源配置方面的任务是：利用税收政策、预算支出政策等，对全国的生产要素进行合理组合，通过对生产要素的合理组合，形成部门、产业、行业间的资源结构，以合理的资源配置实现最大的经济效益和社会效益。财政资源配置职能的内容主要体现在以下两个方面。

①确保社会资源的一部分配置到政府部门和社会公共事业部门，以满足人们对公共产品和政府服务的需求，实现资源在社会需要与企业需要之间的最优配置。这主要通过政府的税收手段完成。

②财政通过预算支出或通过税收、财政补贴等手段影响私人部门的支出方向来直接或

间接调节社会资源在产业、行业之间的配置，实现社会资源在各产业之间的最优配置，使国民经济各部门得到协调的发展。

（二）收入分配职能

1. 收入分配职能的含义

财政的收入分配职能是指政府为了实现公平分配的目的，对市场机制形成的收入分配格局予以调整的职责和功能。

国民收入分配分为初次分配和再分配。初次分配是市场主体在要素交易中获得收入的过程。初次分配体现的是"效率原则"，分配的依据是社会成员所拥有的生产要素。由于受多种因素的影响，初次分配的必然结果是：社会成员的收入差距过大，低收入者难以生存。

政府进行的再分配，是按照"公平优先、兼顾效率"的原则，依据一定时期的经济发展水平、生活水平以及道德标准进行再分配，其目标是使社会成员的收入差距保持在合理的范围内，并保障低收入者的基本生活需要。

2. 实现收入分配职能的主要方式

（1）提供公共产品

政府实现收入分配职能的一个方式是通过税收的方式筹集资金，向公众提供公共产品，或者准公共产品。由于每一个社会成员都能够享受到公共产品的好处，而提供公共产品的税收来源虽然原则上由每一个社会成员负担，但实际上每一个社会成员的税收负担是不同的。一般来说，社会中富有的成员会承担较多的税收，而收入较低的社会成员承担较少的税收。这样，政府提供的公共产品就会使社会各成员因享用公共产品而获得相同的效用，付出却不同，这实际上实现了收入再分配。

（2）组织公共生产

政府组织公共生产的一个重要原因是为了改善由资本占有不均等以及资本参与收入分配所导致的收入水平悬殊的状态。如果由政府组织公共生产，即通过政府占有生产资料并代表全体公民行使对资本收入的占有权，社会收入分配差别就主要来自各社会成员劳动力禀赋的差异。一般来说，劳动力禀赋的差异所导致的收入分配差异是因为资本参与分配。因此，由政府组织公共生产可以在一定程度上缩小收入差距，实现收入再分配。

（3）转移支付

转移支付是将某一部分社会成员的收入转移到其他社会成员的手中来进行收入再分配，是一种最直观的收入分配制度。由于转移支付方式信息比较明确，与提供公共产品和组织公共生产两种方式相比，其成本较小，因而一般作为收入再分配的主要方式。转移支付的方式主要有社会救济、地区间的转移支付、补贴等。

政府在行使收入再分配职能时，必须妥善处理好公平与效率之间的关系，不能因为强调社会公平而过多地损害社会经济效率。

3. 财政收入分配的主要内容

财政在收入分配方面的重要任务是通过税收和支出等手段对市场分配机制进行干预或对市场分配机制造成的收入分配不公平的结果进行调节，使社会财富的分配基本符合社会公平。

(1) 调节企业的利润水平

这主要是通过征税剔除或者减少客观因素对企业利润水平的影响，使企业的利润水平能够反映企业的生产经营管理水平和主观努力状况，使企业在大致相同的条件下获得大致相同的利润，为企业创造一个公平竞争的外部环境。例如，通过开征资源税，可以把一些开采自然资源的企业因资源条件好而取得的超额利润征收上来；通过征收消费税，剔除或减少价格的影响；企业（公司）所得税可调节不同行业的盈利水平等，从而实现企业之间的公平竞争。

(2) 调节居民个人收入水平

这是指既要合理拉开收入差距，又要防止贫富悬殊，逐步实现共同富裕。这主要有两种手段：一是通过税收进行调节，如通过征收个人所得税，缩小个人收入之间的差距；二是通过转移支付来调节居民的实际生活水平，如财政补贴支出、社会保障支出、社会救济支出等，以维持居民最低生活水平和福利水平。

(3) 创造就业机会，使中低收入者得到获取收入的机会

政府可以利用税收优惠政策创造就业机会并扩大就业培训，使中低收入者得到获取较高收入的机会。政府的再就业工程正是财政实现收入公平分配的体现。

(三) 稳定经济职能

1. 稳定经济职能的含义

稳定经济职能是指通过财政政策的制定、实施与调整，使整个社会达到充分就业、物价稳定、经济稳定增长、国际收支平衡等政策目标。经济的稳定与增长，是各国政府所共同追求的目标，所以，财政要实现稳定经济的职能必须尽力保持社会总供求的基本平衡。

2. 实现社会供求平衡的基本手段

（1）通过预算政策进行调节

政府可以根据预算会计的具体情况，通过平衡预算、结余预算或赤字预算来实现社会总供给和总需求之间的平衡。例如，当社会总需求大于社会总供给时，政府应该编制平衡预算或者结余预算；反之，当社会总供给大于社会总需求时，政府可以编制赤字预算，有意识地扩大政府的需求规模，以弥补私人部门需求的不足，从而使社会总供求最终达到平衡。

（2）"自动稳定器"

财政的"自动稳定器"是指财政税收制度中一些有助于自动"熨平"经济波动的制度性安排。当经济发生不稳定时，政府不用刻意采取一些预算政策方面的措施，而是听任"自动稳定器"来发挥调节作用，使经济自动达到稳定的效果。

（3）通过财政投资、补贴和税收政策等手段调节

通过财政投资、补贴和税收政策等手段，加快农业、资源、交通运输、邮电通信等公共设施的发展，解决经济增长中的"瓶颈"问题，促进传统工业向现代知识经济转化，以信息产业为纽带加快产业结构的转换，合理利用资源，保护环境，以保证国民经济的可持续发展。同时，财政还应承担稳定文教科卫、社会保障和社会保险制度的重任，使经济增长与经济发展互相促进，相互协调。

3. 稳定经济职能的主要内容

要实现经济的稳定增长，关键是要做到社会总供给与总需求的平衡。财政在这个方面能发挥重要作用。

财政对社会供求总量平衡的调节，主要是通过作为财政收支计划的国家预算来进行的。由于国家预算收入代表可供国家支配的商品物资量，是社会供给总量的一个组成部分，因此，通过调整国家预算收支之间的关系，就可以起到调节社会总需求平衡的作用。

第二节　财政支出

一、财政支出概述

（一）财政支出的含义

财政支出也称公共财政支出，是指在市场经济条件下，政府为提供公共产品和服务，

满足社会共同需要而进行的财政资金的支付。财政支出是国家将通过各种形式筹集上来的财政收入进行分配和使用的过程，是整个财政分配活动的第二个阶段。

(二) 财政支出的意义

①向社会提供必要的公共物品和劳务，保证政府行政管理部门和国家安全保护部门的存在和充分行使职能，维护法律的实施和社会秩序的安定，同时保障国家安全。

②满足各种公益与福利事业的发展，以及对国民收入的再分配，协调和理顺分配关系，实现公平分配，最终实现社会的进步和稳定。

③通过财政支出的方式、手段、结构、时间等方面的选择，实现财政支出政策与收入政策的优化组合、财政政策与其他经济政策的合理搭配与最优选择，对生产、流通、消费和社会总需求与总供给等宏观经济运行进行调控，以实现资源的合理配置、收入的公平分配和经济的稳定与发展。

(三) 财政支出分类

将财政支出的内容进行合理的归纳，以便准确反映和科学分析支出活动的性质、结构、规模以及支出的效益和产生的时间。分类方法有下列几种。

1. 按经济性质分类

(1) 购买性支出（消耗性支出）

购买性支出又称消耗性支出，是指政府购买商品和劳务，包括购买进行日常政务活动或者政府投资所需要的各种物品和劳务的支出，即由社会消费性支出和财政投资支出组成。它是政府的市场性再分配活动，对社会生产和就业的直接影响较大，执行资源配置的能力较强。

(2) 转移性支出

转移性支出是指政府按照一定方式，将一部分财政资金、无偿地单方面转移给居民和其他受益者，主要由社会保障支出和财政补贴组成。它是政府的非市场性再分配活动，对收入分配的直接影响较大，执行收入分配的职能较强。事实上，转移性支出所体现的是一种以政府和政府财政为主体，并以它们为中介，在不同社会成员之间进行资源再分配的活动。

2. 按国家行使职能范围分类

按国家行使职能范围的不同对财政支出分类，可将财政支出划分为经济建设支出、社会文教支出、国防支出、行政管理支出和其他支出五大类。按国家行使职能的范围对财政支出分类，能够看出国家在一定时期内执行哪些职能、哪些是国家行使职能的侧重点，可以在一定时期内对国家财政支出结构进行横向比较分析。

①经济建设支出，具体包括基本建设投资支出、挖潜改造资金、科技三项费用（新产品试制费、中间试验费、重大科研项目补助费）、简易建筑费、地质勘探费、增拨流动资金、支农支出、工交商事业费、城市维护费、物资储备支出等。

②社会文教支出，包括文化、教育、科学、卫生、出版、通信、广播电视、文物、体育、海洋（包括南北极）研究、地震、计划生育等项支出。

③国防支出，包括各种军事装备费、军队人员给养费、军事科学研究费、对外军事援助费、武装警察支出、民兵费、防空费等。

④行政管理支出，包括国家党政机关、事业单位、公检法司机关、驻外机构各种经费、干部培养费（党校、行政学院经费）等。

⑤未列入上述四项的其他支出。

3. 按财政支出产生效益的时间分类

按财政支出产生效益的时间不同分类，可以分为经常性支出和资本性支出。

①经常性支出是维持公共部门正常运转或保障人们基本生活所必需的支出，主要包括人员经费、公用经费和社会保障支出，特点是其消耗会使社会直接受益或当期受益，直接构成了当期公共物品的成本，按照公平原则中当期公共物品受益与当期公共物品成本相对应的原则，经常性支出的弥补方式是税收。

②资本性支出是用于购买或生产使用年限在一年以上的耐久品所需的支出，其耗费的结果将形成一年以上的长期使用的固定资产。它的补偿方式有两种：一是税收，二是国债。

4. 按财政支出的行政结构分类

按财政支出的行政结构不同进行划分，财政支出可分为中央政府支出和地方政府支出。我国改革开放前，中央支多收少，地方支少收多。20世纪70年代后，中央支少收多，地方支多收少。

（四）财政支出范围

1. 财政支出范围的概念

财政支出范围是指政府财政进行投资或拨付经费的领域，这与政府的职能范围或称事权范围密切相关。

在集中统一的计划经济时期，政府财政支出无所不包，政府包揽一切，似乎只要政府管辖的领域都是财政支出的范围，特别是竞争性国有企业，都成为财政支出的范围和对象。可见，财政支出在计划经济下是包罗万象的。

在社会主义市场经济体制下，财政支出的范围才逐步引起人们重视。一般认为，市场经济下财政支出的范围应以弥补市场缺陷、矫正市场失灵的领域为界限，即社会公共需要支出的范围。

2. 我国的财政支出范围

我国的财政支出范围目前包括以下基本内容。

（1）维护国家机构正常运转的支出

即保证国防外交、行政管理、社会治安（公检法）等方面的支出（含人员经费和公用经费、设备经费等）。这是古今中外所有类型的财政支出的共性，是财政支出的第一顺序。

（2）用于公共事业、公共福利的支出

如普及教育、基础科学研究、社会保障、卫生防疫、环境治理和保护等公共需要方面的支出。这些公共需要方面的支出，并不排斥私人资金加入，但主要由国家提供相关的财政支出。这是财政支出的第二顺序。

（3）基础设施和基础产业方面的投资

基础设施和基础产业一般规模大、周期长、耗费多，而且往往跨地区（如海河流域的治理），对全国产业结构和生产力布局有突出意义，而私人企业又难以承担，主要应由国家财政支出。这是财政支出的第三顺序。

其他生产竞争性产品的国有企业、事业方面的投资，均不是财政支出的范围，而是由市场解决投资。

（五）财政支出的原则

1. 量入为出、收支结合

财政收入和财政支出始终存在数量上的矛盾，脱离财政收入的数量界限盲目扩大财政支出，势必严重影响国民经济的稳步发展，因此，财政支出的安排应在财政收入允许的范围内，避免出现大幅度的财政赤字。

2. 统筹兼顾、全面安排

财政支出的安排要处理好积累性支出与消费性支出的关系、生产性支出与非生产性支出的关系，做到统筹兼顾，全面安排。

3. 厉行节约、讲求效益

要提高财政支出的使用效益，节约资金，必须从以下两方面入手：一是要严把财政计划关，制订合理的、符合国家实际财力情况的财政计划是节约财政开支、提高资金使用效率的前提；二是加强对财政资金使用单位的日常管理，对机构人员进行定额定编，堵塞财政支出的各种漏洞，以保证所有财政资金真正用于政府各项职能的实现。

（六）财政支出的形式

1. 财政拨款

财政拨款指财政部门按计划规定将财政资金无偿地拨付给用款单位，以保证各项生产、事业计划的完成，它是财政支出的主要形式。

2. 财政性贷款

财政性贷款是财政部门以信用方式发给有偿还能力的企业和事业单位的财政资金，包括基本建设投资贷款、支农贷款、外贸贷款、小额技术改造贷款等。

3. 财政补贴

财政补贴是国家根据一定时期政治经济形势的需要，按照特定的目的，对指定事项由财政安排专项资金的一种补助性支出，包括价格补贴、国有企业计划亏损补贴、职工生活补贴等。

二、购买性支出概述

购买性支出，是指政府用于购买为执行财政职能所需要的商品和劳务的支出。购买性支出可以直接增加当期的社会购买力，并由政府直接占有社会产品和劳务，运用得当，有助于优化资源配置，提高资源的利用水平，但对国民收入分配只产生间接影响。购买性支出大致可以分为消费性支出和投资性支出两部分。在我国目前的财政支出项目中，属于消费性支出的有行政支出、国防支出及文教科卫支出等；属于投资性支出的有基础产业投资和农业财政投资等。

（一）消费性支出

1. 行政支出

行政支出是国家财政用于国家各级权力机关、行政管理机关、司法检察机关和外事机构等行使其职能所需的费用支出。它是维持国家各级政权存在、保证各级国家管理机构正常运转所必需的费用，是纳税人必须支付的成本，也是政府向社会公众提供公共服务的经济基础。

从性质上看，政府的社会管理活动属于典型的公共产品，因此只能由政府提供。作为政府公共管理活动的经济基础，与其他财政支出相比具有一定的特殊性。

我国行政支出的内容包括立法机构支出、行政机构支出和司法机构支出三大块，其中行政机构支出的具体内容更为广泛。我国政府预算收支科目表中的行政支出科目主要包括四个方面的内容。

①行政管理费。

②外交外事支出。

③武装警察部队支出。

④公检法司支出。

2. 国防支出

国防支出是指一国政府用于国防建设以满足社会成员安全需要的支出。保卫国土和国家主权不受侵犯，这是政府一项基本职能。只要国家存在，国防费不会从财政支出项目中消失，国防支出是财政基本职能的要求，建立巩固的国防是国防现代化一项战略任务，是维护国家安全统一的保障。

国防支出按照支出的目的划分，包括维持费和投资费两大部分。前者主要用于维持军队的稳定和日常活动，提高军队的战备程度，是国防建设的重要物质基础，主要包括军事人员经费、军事活动维持费、武器装备维修保养费及教育训练费等。后者主要用于提高军队的武器装备水平，是增强军队战斗力的重要保证，主要有武器装备的研制费、采购费，军事工程建设费等。

3. 文教科卫支出

文化、教育、科学、卫生支出简称为文教科卫支出，是指国家财政用于文化、教育、科学、卫生事业的经费支出。此类支出具有较强的外部正效应，有助于整个社会文明程度的提高，有利于提升全体社会成员的素质，对经济的繁荣与发展具有决定性作用，因而各国均对文教科卫事业给予了较大程度的财力支持。

文教科卫支出的内容有两种分类方法：一是按支出的使用部门，划分为文化、教育、科学、卫生、体育、通信、广播电视等的事业费，此外，还包括出版、文物、档案、地震等事业费；二是按支出用途，划分为人员经费支出和公用经费支出，前者主要包括工资和津贴，后者主要包括公务费、设备购置费、修缮费和业务费。

（二）投资性支出

1. 基础产业投资

基础产业的内涵，有广义和狭义之分。狭义的基础产业，是指经济社会活动中的基础设施和基础工业。基础设施主要包括交通运输、机场、港口、桥梁、通信、水利和城市供排水、供气、供电等设施；基础工业主要指能源（包括电力）工业和基本原材料（包括建筑材料、钢材、石油化工材料等）工业。为概括起见，我们将基础设施和基础工业统称为基础产业。广义的基础产业，除了上述基础设施和基础工业之外，还应包括农林部门，有提供无形产品或服务的部门（如科学、文化、教育、卫生等部门）所需的固定资产，通常也归于广义的基础设施之列。

基础产业是支撑一国经济运行的基础部门，决定着工业、农业、商业等直接生产活动的发展水平。一国的基础产业越发达，国民经济运行就越顺畅、越有效，人民的生活也越便利，生活质量相对越高。

2. 农业财政投资

（1）财政对农业投资的特点与范围

纵观世界各国的经验，财政对农业的投资具有以下基本特征。

①以立法的形式规定财政对农业的投资规模和环节，使农业的财政投入具有相对稳定性。

②财政投资范围具有明确界定，主要投资于以水利为核心的农业基础设施建设、农业科技推广、农村教育和培训等方面。原则上讲，凡是具有外部效应，以及牵涉面广、规模巨大的农业投资，原则上都应由政府承担。

（2）农业公共物品

目前在我国，农业公共物品主要包括以下几个方面。

①农业基础设施。农业基础设施如大型水利设施、农业水土保持工程等，都是农业发展的物质基础。农业基础工程无疑属于公共物品，而且是重要的公共物品，单个农户没有能力从事这方面的投资，也难以吸引市场投资，因此，应作为政府投资农业的一个重点。

②农业科技进步与推广。科技是农业发展的技术基础，要实现农业经济增长方式由粗放型向集约型的转变，"科教兴国"是重要的一环。因此，财政应增加对农业科技的投入：一是要扶持农业科研单位开展农业科学研究，尤其是基础性研究和公共项目；二是增加对

农业科技推广的扶持，特别要注意对粮棉油等大宗农作物的良种培育、科学栽培、节水灌溉等技术的推广进行扶持；三是要增加对农业教育与培训的经费投入，加大对农业劳动者技术培训的投入；四是要与农业生产过程紧密结合，使农业技术进步在农业经济增长中发挥更大的作用。

③农业生态环境保护。农业发展与生态环境之间具有相互制约、相互促进的关系。为了使农业和生态环境之间形成良性循环并协调发展，政府应增加对绿化、治污、水土保持的防护林建设等准公共物品的投入，加大改善农业生态环境的力度。

另外，由于农业发展是一个系统工程，光靠政府投入是远远不够的，只有将政府支农纳入整个农业公共政策体系，发挥市场的力量和政府的引导作用，才能从根本上解决农业问题。农业公共政策体系应当包括以下内容：土地产权政策、农业人力资本政策、农业产业结构调整政策、财政支农政策和农产品流通政策等。

三、转移性支出概述

（一）社会保障制度定义

社会保障制度是在政府的管理下，以国家为主体，依据一定的法律和规定，通过国民收入的再分配，以社会保障基金为依托，对公民在暂时或者永久性失去劳动能力以及由于各种原因生活发生困难时给予物质帮助，用以保障居民最基本的生活需要。

（二）社会保障制度主要内容

社会保障制度是国家通过立法而制定的社会保险、救助、补贴等一系列制度的总称，是现代国家最重要的社会经济制度之一。世界各国社会保障制度的内容各不相同。我国的社会保障制度一般包括社会保险、社会救济、社会福利、社会优抚四个基本部分。

1. 社会保险

社会保险是一种为丧失劳动能力、暂时失去劳动岗位或因健康原因造成损失的人口提供收入或补偿的社会经济制度。社会保险计划由政府举办，强制某一群体将其收入的一部分作为社会保险税（费）形成社会保险基金，在满足一定条件的情况下，被保险人可从基金获得固定的收入或损失的补偿。它是一种再分配制度，目标是保证物质及劳动力的再生产和社会的稳定。社会保险的主要项目包括养老保险、医疗保险、失业保险、工伤保险、生育保险等。

（1）养老保险

养老保险或养老保险制度是国家和社会根据一定的法律和法规，为解决劳动者在达到国家规定的解除劳动义务的劳动年龄界限，或因年老丧失劳动能力、退出劳动岗位后的基本生活而建立的一种社会保险制度。养老保险是社会保险五大险种中最重要的险种。

（2）医疗保险

医疗保险是为补偿疾病所带来的医疗费用的一种保险，包括职工患病、负伤、生育时的门诊费用、药费、住院费用、护理费用、医院杂费、手术费用、各种检查费用等。中国职工的医疗费用由国家、单位和个人共同负担，以减轻企业负担，避免浪费。医疗保险具有风险转移和补偿转移的特征。基本医疗保险费由用人单位和个人共同缴纳，具体比例由各地确定。个人账户金额可用于本人在药店刷卡买药、门诊医疗费和住院时按规定自付的部分。

（3）失业保险

失业保险是指国家通过立法强制实行的，由社会集中建立基金，对因失业而暂时中断生活来源的劳动者提供物质帮助的制度。失业保险基金由城镇企业事业单位职工缴纳的失业保险费、失业保险基金的利息、财政补贴、依法纳入失业保险基金的其他资金构成。

（4）工伤保险

工伤保险是劳动者在工作中或在规定的特殊情况下，遭受意外伤害或患职业病导致暂时或永久丧失劳动能力以及死亡时，劳动者或其遗属从国家和社会获得物质帮助的一种社会保险制度。

（5）生育保险

生育保险是指在女职工因怀孕和分娩暂时中断劳动时，由国家和社会提供医疗服务、生育津贴和产假的一种社会保险制度。参保人范围是所在城市常住户口的职工和持有所在城市工作居住证的外埠工作人员。职工参加生育保险由用人单位按照国家规定缴纳生育保险费，职工不缴纳生育保险费。

2. 社会救济

社会救济是指国家和社会为保证每个公民享有基本生活权利，而对贫困者提供的物质帮助，包括自然灾害救济、失业救济、孤寡病残救济和城乡困难户救济等。国家和社会以多种形式对因自然灾害、意外事故和残疾等而无力维持基本生活的灾民、贫民提供救助，包括提供必要的生活资助、福利设施，急需的生产资料、劳务、技术、信息服务等。

社会救济的保障对象主要是社会保险保护不了的人群，即无收入、无生活来源，以及虽有收入但因遭受意外事故或收入较低而无法维持生活的人，属临时行为，其保障目标是维持人们的最低生活需要，其经费来源以政府一般性税收为主、以社会团体或个人提供的捐赠为辅。由此看来，社会救济具有救助性和济贫性的特点。

3. 社会福利

社会福利是现代社会广泛使用的一个概念。广义的社会福利是指提高广大社会成员生活水平的各种政策和社会服务，旨在解决广大社会成员在各个方面的福利待遇问题；狭义的社会福利是指对生活能力较弱的儿童、老人、单亲家庭、残疾人、慢性精神病人等的社会照顾和社会服务。社会福利所包括的内容十分广泛，不仅包括生活、教育、医疗方面的福利待遇，而且包括交通、文娱、体育等方面的待遇。社会福利是一种服务政策和服务措施，其目的在于提高广大社会成员的物质和精神生活水平，使之得到更多的享受。同时，社会福利也是一种职责，是在社会保障的基础上保护和延续有机体生命力的一种社会功能。

4. 社会优抚

社会优抚是针对军人及其家属所建立的社会保障制度，是指国家和社会对军人及其家属所提供的各种优待、抚恤、养老、就业安置等待遇和服务的保障制度。

社会优抚是中国社会保障制度的重要组成部分，国家和社会保障残废军人的生活，抚恤烈士家属，优待军人家属。保障优抚对象的生活是国家和社会的责任。社会优抚制度的建立，对于维持社会稳定，保卫国家安全，促进国防和军队现代化建设，推动经济发展和社会进步具有重要的意义。

(三) 财政补贴支出

1. 财政补贴的含义

财政补贴，是指国家财政部门根据国家政策的需要，在一定时期内对某些特定的产业、部门、地区、企事业单位、居民个人或事项给予的补助或津贴。它是财政分配的一种形式，是国家实现其职能的一种手段。

财政补贴不仅仅是一种特殊的财政分配形式，而且还是一种重要的经济调节手段。它通过对物质利益的调整来调节国家、企业、个人之间的分配关系，由此达到促进经济发展、引导消费结构、保持社会稳定的目的。

2. 财政补贴的内容

根据国家预算对财政补贴的分类，目前我国的财政补贴有以下内容。

(1) 价格补贴

价格补贴主要包括国家为安定城乡人民的生活,由财政向企业或居民支付的、与人民生活必需品和农业生产资料的市场价格政策有关的补贴,其目的是缓解价格矛盾、稳定人民生活。我国的价格补贴又称政策性补贴,主要包括粮棉油差价补贴、平抑物价补贴、肉食价格补贴和其他价格补贴。

(2) 财政贴息

财政贴息是指国家财政对使用某些规定用途的银行贷款的企业,就其支付的贷款利息提供的补贴。它实质上等于财政代替企业向银行支付利息。根据规定,财政贴息用于以下用途的贷款。

①促进企业联合,发展优质名牌产品。

②支持沿海城市和重点城市引进先进技术和设备。

③发展节能机电产品等。

3. 财政补贴的作用

财政补贴是国家调节国民经济和社会生活的重要杠杆。运用财政补贴特别是价格补贴,能够保持市场销售价格的基本稳定,保证城乡居民的基本生活水平;有利于合理分配国民收入,有利于合理利用和开发资源。

(四) 税收支出

1. 税收支出的含义

税收支出是指特殊的法律条款规定的、给予特定类型的活动或纳税人以各种税收优惠待遇而形成的收入损失或放弃的收入。税收支出是由于政府的各种税收优惠政策而形成的,因此,税收支出只减少财政收入,并不列为财政支出,是一种隐蔽的财政补贴。税收支出与税收征收是两个方向相反的政府政策活动,直接引起政府所掌握的财力减少,同时使受益者因享受政府给予的减免税政策而增加其实际收入,因此,税收支出实际上是政府的一种间接性支出,它同其他财政补贴一样,是政府的一种无偿性转移支出,发挥着财政补贴的功能,所以被纳入政府财政补贴的范畴。

2. 税收支出的形式

税收支出是国家运用税收优惠调节社会经济的一种手段,根据世界各国的税收实践,税收支出的具体形式主要包括以下几种。

(1) 税收豁免

税收豁免是指在一定期间内，对纳税人的某些所得项目或所得来源不予课税，或对其某些活动不列入课税范围等，以豁免其税收负担。常见的税收豁免项目一类是免除关税与货物税，另一类是免除所得税。

(2) 纳税扣除

纳税扣除是准许企业把一些合乎规定的特殊支出，以一定的比率或全部从应税所得中扣除，以减轻其税负。在累计税制下，纳税人的所得额越高，这种扣除的实际价值也就越大。

(3) 税收抵免

税收抵免是指纳税人从某种合乎奖励规定的支出中，以一定比率从其应纳税额中扣除，以减轻其税负。在西方国家，税收抵免形式多种多样，主要的两种形式有投资抵免和国外税收抵免。两者的区别有：投资抵免是为了刺激投资，促进国民经济增长与发展，通过造成纳税人的税收负担不公平而实现；而国外税收抵免是为了避免国际双重征税，使得纳税人的税收负担公平。

(4) 优惠税率

优惠税率是指对合乎规定的企业课以比一般的低的税率，其适用范围可视实际需要而予以伸缩。一般而言，长期优惠税率的鼓励程度大于有期限的优惠税率，尤其是那些需要巨额投资且获利较迟的企业，常从中获得较大的利益。

(5) 延期纳税

延期纳税也称"税负延迟缴纳"，是指允许纳税人对合乎规定的税收，延迟缴纳或分期缴纳其应负担的税额。该方式适用范围较广，一般适用于各种税，且通常应用于税额较大的税收。

(6) 盈亏相抵

盈亏相抵是指准许企业以某一年度的亏损抵消以后年度的盈余，以减少其以后年度的应纳税款，或是冲抵以前年度的盈余，申请退还以前年度已缴纳的部分税款。一般而言，盈亏相抵办法通常只能适用于所得税方面。

(7) 加速折旧

加速折旧是在固定资产使用年限的初期提取较多的折旧。采用这种折旧方法，可以在固定资产的使用年限内早一点得到折旧费和减免税的税款。

(8) 退税

退税是指国家按规定对纳税人已纳税款的退还。以税收支出形式形成的退税是指优惠退税，是国家鼓励纳税人从事或扩大某种经济活动而给予的税款退还，其包括两种形式，即出口退税和再投资退税。

第三节 财政收入

一、财政收入的形式

（一）财政收入的含义

财政收入表明政府获取社会财富的状况，是指政府为实现其职能的需要，在一定时期内以一定方式取得的可供其支配的财力。

社会物质财富是财政收入的实质内容，但在不同的历史条件下，财政收入的形态存在很大的区别。在商品货币经济获得充分发展以前，财政收入主要以劳役和实物的形态存在。随着商品货币经济的逐步发展，尤其是在资本主义经济制度出现以后，财政收入一般以货币形式取得。在现代社会，财政收入均表现为一定量的货币收入。

政府取得财政收入主要凭借公共权力，包括政治管理权、公共资产所有或占有权、公共信用权等。其中，政治管理权是取得财政收入最主要和最基本的形式，取决于政府供给的公共产品性质。公共产品消费的非竞争性、非排他性使公共产品的供给无法采用经营性方式进行，只能凭借政府的政治管理权对社会成员课征收入来补偿公共产品的成本。凭借政府其他权力取得的收入则随政府活动内容、范围、方式和需要的变化而变化。政府取得财政收入不仅仅是政府自身的行为，其影响是广泛的。财政收入的规模、构成和方式对利益分配关系、经济主体的行为选择、商品的供需结构乃至经济活动的总量等，均有重要的制约作用。因此，政府组织财政收入应当有确定的收入政策，以协调各方面的利益关系，促进资源的合理配置和经济的正常发展。

（二）财政收入的具体形式

从财政产生到现在已有几千年的历史，财政收入基本上采用税、利、债、费四种形式，每一种形式都有自己的功能，很少发生替代。

1. 税收收入形式

税收是一种比较古老的财政收入形式，现代税收是商品经济发展的产物，它是指国家为了实现其职能，凭借政治权力，依靠国家税法规定所取得的财政收入。税收具有强制性、无偿性、固定性三大基本特征，是征收面最广、最稳定、最可靠的财政收入形式，也是我国最主要的财政收入形式。

税收作为财政收入形式的优点主要表现在以下几个方面。

首先，税收适应商品经济发展的需要。以流通为基础的商品经济要求有不受地域限制的广泛市场，有统一的收入形式与之相适应，并对商品流通起保护作用，使纳税商品通行全国、不受限制。税收以法律形式规定企业和公民的纳税义务，同时也确定纳税人的权利，给从事商品生产和商品经营的企业及个人提供了一定程度的法律保护。凡是纳税商品都具有生产和经营的合法性，受到政府的保护，可以在全国市场上通行无阻。

其次，税收适应各种所有制形式的需要。现代商品经济是由不同所有制构成的混合经济，区别在于是私有制还是公有制占主导地位。就财政分配来说，要在社会主义初级阶段保持各种所有制并存的混合经济，在国家、企业及个人的分配关系中就要采取平等纳税的原则，一视同仁，对各种所有制实行公平负担政策，使各种所有制具有平等竞争能力。

最后，税收适应企业自主经营的要求。商品经济要求企业进行自主经营，只有使企业成为独立的商品生产者和经营者，才能促进商品经济的发展。税收是以法律形式把国家和企业的分配关系固定下来。企业可以根据税法和自己的经营情况确定自己的收益，具有确定的利益界限，可以使企业摆脱主管机关的财政控制和财政部门过多的干预，进行自主经营。

2. 国有资产权益收入形式

国有资产权益收入是国家凭借国有资产所有权，参与国有企业利润分配，所应获取的经营利润、租金、股息（红利）、资金占用费等收入的总称，主要包括以下几种形式。

（1）股息、红利收入

股息、红利收入是指在国有资产股份制经营方式中，国有股份在一定时期内根据企业经营业绩应获得的收入。

（2）上缴利润

上缴利润是指国有企业将实现利润的一部分按规定上缴国家财政，是国有产权在经济上的体现。

（3）租金收入

租金收入是指租赁经营国有资产的承租人按租赁合同的规定向国家缴纳的租金。租金是承租人有偿使用、支配国有资产应支付给国有资产所有者的报酬。

（4）其他形式收入

其他形式收入包括资源补偿费收入、资产占用费收入、国有股权证转让收入、国有资产转让收入等。

3. 公债收入形式

国家采取信用形式，以债务人的身份向国内和国外筹借的各种借款，称为公债或国债。这种收入在财政收入中所占的比重与一国政府税收收入、财政支出的适应能力及国家的经济发展水平有关。我国采取公债形式筹措资金，是国家有计划地动员社会闲散资金，支援国家建设，平衡预算收支的一项有效措施；向国外借债是在平等互利或优惠条件下加速国家建设的有力补充。

公债因具有有偿性、自愿性、灵活性和广泛性等基本特征，并具有弥补财政赤字、调剂国库余缺、筹集财政资金和调控经济运行等多种功能，成为现代社会不可缺少的一种重要的财政收入形式。同时，公债作为国家取得财政收入的一种特殊形式，可从三个方面理解：第一，公债的特殊性在于与税收相比，不仅具有有偿性，而且具有自愿性；第二，公债是政府进行宏观调控、保持经济稳定、促进经济发展的一个重要经济杠杆；第三，公债是一个特殊的债务范畴，它不以财产或收益为担保物，而是依靠政府的信誉发行。一般情况下，公债比私债要可靠得多，而且收益率也高于普通的银行存款，所以通常被称为金边债券。

4. 收费收入形式

收费收入，是政府部门向公民提供特定服务、实施特定行政管理或提供特定公共设施时按照规定的标准收取的费用，具体包括规费和使用费。国家采取收费这种形式，主要是为了促进各单位和个人注重提高使用公共设施或服务的效率，调节社会经济生活。

（1）规费

规费是指政府为居民或企业提供某种特定服务或实施特定行政管理时所收取的手续费和工本费，通常包括两类：一是行政规费，诸如外事规费（如护照费）、内务规费（如户籍规费）、经济规费（如商标登记费、商品检验费、度量衡鉴定费）、教育规费（如报名费、毕业证书费）及其他行政规费（如会计师、律师、医师执照费等）；二是司法规费，司法规费又可分为诉讼规费（如民事诉讼费、刑事诉讼费）和非诉讼规费（如出生登记费、财产转让登记费、遗产管理登记费、继承登记费等）。

（2）使用费

使用费是按受益原则对享受政府所提供的特定公共产品或服务所收取的费用，如水费、电费、过路费、过桥费、公有住宅租金、公立学校学费等。使用费的收取标准是通过特定的政治程序制定的，通常低于该种产品或服务的平均成本，平均成本与使用费之间的差额则是以税收形式作为收入来源的财政补贴。政府收取使用费有助于增进政府所提供的公共设施或服务的使用效率，有助于避免经常发生在政府所提供的公共设施上的拥挤问题。

5. 其他收入形式

财政收入除了以上四种主要形式以外，还有其他形式，如对政府的捐赠、政府引致的通货膨胀、罚没收入等。

（1）对政府的捐赠

对政府的捐赠是指在政府为某些特定支出项目融资的情况下，政府得到的来自国内外个人或组织的捐赠。如政府得到的专门用于向遭受自然灾害地区的居民或其他生活陷入困难之中的人提供救济的特别基金的捐赠等。

（2）政府引致的通货膨胀

政府引致的通货膨胀是指政府因向银行透支、增发纸币来弥补财政赤字，从而造成物价的普遍上涨，降低了人民手中货币的购买力，也被喻为"通货膨胀税"。它一般是市场经济国家政府执行经济政策的一种工具。

（3）罚没收入

罚没收入是指政府部门按规定依法处理的罚款和没收品收入，以及依法追回的赃款和处理赃物的变价款收入。

其他收入在财政收入中所占的比重较小。

二、财政收入的来源

（一）社会总产品和国民收入

社会总产品是一个国家在一定时期内（通常为1年）生产的最终产品的总和。社会总产品是使用价值和价值的统一体，既表现为实物形态，又表现为价值形态。作为实物形态，是当年所生产出来的生产资料和消费资料的总和，由工业、农业、建筑业等物质生产部门的产品所构成。作为价值形态，是在生产过程中消耗并已转移到新产品中去的生产资料的价值和新创造出来的价值的总和，即社会总产值。一定时期内社会总产品扣除用来补偿已消耗的生产资料后，所剩下的那一部分社会产品就是国民收入。国民收入也有两种表现形态：实物形态和价值形态。前者表现为物质生产部门生产出来的全部消费资料，也包括扣除补偿已消耗生产资料以后所剩下的生产资料；后者表现为当年耗费的全部活劳动所创造出来的价值，其中包括劳动者为自己所创造的价值，也包括劳动者为社会所创造的价值。

(二) 财政收入的源泉

财政收入归根结底来源于货币形态的社会产品价值，即社会总产品。社会总产品从价值构成上看包括 C、V、M 三个部分。尽管财政收入源于 M，但财政收入的增减同 C、V 不是没有关系的。分析财政收入同 C、V、M 的关系，不仅可以从根本上说明影响财政收入的基本因素，还可以指出国家在集中财政收入时必须采取的政策。

在社会总产品中，心是新创造的价值中归社会支配的部分，是财政收入的基本源泉。富的程度不是由产品的绝对量来计量的，而是由剩余产品的相对量来计量的。社会提供的 M 部分越多，财政收入增长的基础越雄厚。因此，M 增长的途径同时也就是财政收入增长的途径。增加财政收入的根本途径是扩大生产、增加社会产品总量以及提高经济效益，增加社会产品价值总量中的 M 部分。正因为财政收入来源于 M，在社会总产品价值一定时，财政收入的增减还涉及社会总产品价值在 C、V、M 之间的分配关系。

先看 C 和 M 之间的关系。一般地说，假设 V 既定，C 的部分减少，M 部分就会增大。因此，减少生产资料消耗是增加 M 从而增加财政收入的重要途径。C 在总量上包括补偿劳动对象和固定资金消耗的部分。在保证产品质量的前提下，节约原材料等劳动对象的消耗，降低产品的物质成本，便可增加 M，从而增加财政收入。在折旧率一定时，提高机器设备的使用效果，在一定的固定资产更新期限内生产出更多的产品，便可相对减少单位产品中转移的固定资产折旧价值，增加产品中的 M 部分，从而增加财政收入。固定资产折旧率的确定也会直接影响 M。在其他条件不变的情况下，折旧率越低，固定资产分摊到产品中的折旧费越小，M 部分相应越大。但是，折旧率的确定不仅要考虑固定资产的有形损耗，还要考虑固定资产的无形损耗。如果折旧率定得过低，固定资产更新期超过实际的损耗期限，特别是超过由技术进步的速度决定的固定资产更新期（无形损耗期限），由此扩大的 M 实际是靠拼老本得来的。固定资产不能及时得到更新改造，国民经济不能及时采用新的技术设备，其结果是制约技术进步，最终丧失增加财政收入的物质技术基础。当前，在新技术革命的推动下，技术进步速度大大加快，固定资产更新的期限也应相应缩短，折旧率要相应提高。折旧率的确定，取决于一定的财政收入政策。现在许多国家实行加速折旧的政策，实际是一种减税政策。

再看 V 和 M 的关系。在 C 既定时，V 和 M 此消彼长。在社会主义条件下，不能依靠减少 V 来增加 M，从而增加财政收入，但是可以通过提高劳动生产率来降低在新创造价值中的比重，相对增加 M。随着劳动生产率的提高，工资也应有所增加，但工资的增长应低于劳动生产率的增长，只有这样才能保证 M 的增长，从而增加财政收入。在社会主义条件下，工资 V 的水平在一定程度上也取决于财政收入的政策。工资水平不仅影响财政收入水平，也影响到宏观范围的消费规模。也就是说，国家财政虽不直接安排企业内部的工资分配，但通过一定的财政分配杠杆制约着企业工资基金的增长幅度。

以上内容分析了社会产品价值构成中 C、V 同财政收入的关系，现在需要进一步分析财政收入中是否包含 C 和 V 的部分。

社会总产品中的 C 部分是要补偿生产过程中的物质消耗的，这部分价值不应该成为财政收入的源泉。过去的财政理论把折旧基金当作财政收入的来源，否定了折旧基金的补偿性质。固定资产的价值补偿和物质补偿在时间上是不一致的。物质补偿通过固定资产的更新来实现。在固定资产进行实物形态更新之前，折旧基金以货币准备金的形式存在着。在过去的财政体制中，折旧基金全部或部分地作为财政收入的来源，由国家财政集中使用。但从目前现代企业制度和维护企业经营管理权限来看，折旧基金属于企业自主支配的资金，属于简单再生产的范畴，应该留给企业使用。它在以货币准备金形式存在时可以作为积累基金来使用，但它只能进入银行信贷系统执行积累职能，而不能进入财政分配系统。

V 能否构成财政收入的来源，则要看 V 的内涵。若将 V 认定为维持劳动力再生产所必需的消费资料基金，V 就不应该成为财政收入的来源；若将 V 视为以劳动报酬形式付给生产者个人的部分，V 就可能有一部分成为财政收入的来源，劳动报酬扣除形成财政收入的部分，便是前一意义的 V，即维持劳动力再生产所必需的消费资料基金。劳动报酬成为财政收入源泉的途径主要有：①高税率的消费品价格；②个人所得税；③社会保险税；④国家向个人收取的费用等。

从以上分析可以看出，财政收入的基本源泉是 M，V 的一部分也会成为财政收入的来源，也就是说，财政收入最终来源于国民收入部分，即 V+M。

三、财政收入规模分析

（一）财政收入规模的衡量指标

一般来说，一个国家的财政实力主要表现为其财政收入规模的大小。财政收入规模是指在一定时期内一国财政收入的总水平。考察一个国家财政收入规模的常用指标有绝对量指标和相对量指标。

财政收入规模的绝对量指标是指在一定时期内财政收入的实际数量，即财政总收入，它是一个有规律、有序列、多层次的指标体系。财政总收入反映了一个国家在一定时期内的经济发展水平和财力集散程度，体现了政府运用各种财政收入手段调控经济运行、参与收入分配和资源配置的范围和力度。

财政收入规模的相对量指标是在一定时期内财政收入占有关经济指标的比重，常用的指标有财政收入占国民收入的比重、财政收入占国民生产总值（GNP）的比重以及财政收入占国内生产总值（GDP）的比重等。

一般情况下，主要运用财政收入占 GDP 的比重来衡量和考察一国的财政收入规模和财政实力，该比重越大，表明一国的财政收入规模越大。

（二）影响财政收入规模的因素

财政收入规模要和国民经济发展规模、速度以及人民生活的改善与提高相适应。国家财政收入过多，必然要压缩社会消费水平；相反，财政收入在国民收入中所占的比重过低，就要减少国家财政资金的必要集中，从而影响国家的建设投资以及国防等方面的开支，延缓经济发展速度。

因此，财政收入规模必须适当，也就是说，既要看到客观的可能性，又要从全局考虑国家集中必要资金的需要。财政收入的规模要受各种政治、经济条件的制约和影响，这些条件包括经济发展水平、生产技术水平、价格及收入分配体制等，其中最重要的是经济发展水平和生产技术水平。

1. 经济发展水平和生产技术水平对财政收入规模的制约

一个国家的经济发展水平可以用该国一定时期的社会总产值、国民生产总值和国民收入等指标来表示。经济发展水平反映一个国家社会产品的丰富程度和经济效益的高低。经济发展水平高，社会产品丰富，国民生产总值或国民收入就多。一般而言，国民收入多，则该国的财政收入总额较大，占国民生产总值或国民收入的比重也较高。当然，一个国家的财政收入规模还受其他各种主客观因素的影响，但经济发展水平对财政收入的影响是基础性的。

生产技术水平也是影响财政收入规模的重要因素。但生产技术水平是内含于经济发展水平之中的，因为一定的经济发展水平总是与一定的生产技术水平相适应，较高的经济发展水平往往是以较高的生产技术水平为支柱的。所以，对生产技术水平制约财政收入规模的分析，事实上是对经济发展水平制约财政收入规模研究的深化。简单地说，生产技术水平是指生产中采用先进技术的程度，又称技术进步。技术进步对财政收入规模的制约可从两个方面来分析：一是技术进步往往以生产速度加快、生产质量提高为结果，技术进步速度较快，社会产品和国民收入的增加也较快，财政收入的增长就有了充分的财源；二是技术进步必然带来物耗比例降低、经济效益提高，剩余产品价值所占的比例扩大。由于财政收入主要来自剩余产品价值，所以技术进步对财政收入的影响更为明显和直接。

2. 剩余产品在国民收入中所占比重对财政收入规模的影响

财政收入规模除取决于国民生产总值或国民收入外，还受制于剩余产品在国民生产总值或国民收入中的比重。如前所述，国民生产总值是由（C+V+M）构成的。在一定生产力水平下，再生产的国民收入是一定的，必要产品（V）和剩余产品（M）的比重互为消长，必要产品增加，剩余产品就会减少，财政参与剩余产品分配形成的收入也相应减少。在一般情况下，必要产品的增长幅度应该低于劳动生产率的增长幅度，使剩余产品的比重相对提高，财政收入规模也相应增加，这是扩大再生产的基本原理，也是国民收入分配应该遵循的基本原则。我国曾出现过财政收入在国民收入中比重下降的趋势，这在很大程度上是由剩余产品在国民收入中的比重下降引起的。究其原因，是在改革分配机制和通货膨胀并存的情况下，对活劳动消耗的补偿超过劳动生产率的增长幅度，减少了归社会支配的剩余产品。

3. 经济体制对财政收入规模的制约

经济体制是制约财政收入规模的另一个重要因素。经济发展水平虽然是分配的客观条件，但在客观条件既定的情况下，还存在通过分配进行调节的可能性。所以，在不同的国家和一个国家在不同的时期，即使经济发展水平相同，财政收入规模也可能是不同的。

经济体制决定政府职能的大小，进而直接影响财政集中率，即财政收入占剩余产品价值的比重。政府职能范围的大小影响财政分配在整个国民经济分配中的份额，政府职能在各级政府之间的划分影响各级政府财政分配在整个财政分配中的份额。于是，国家作为财政分配的主体和上层建筑中的政治核心，在经济体制问题上具有了双重意义：一重是政府职能影响财政分配，而一定的财政分配要求一定的政治体制与其相适应；另一重是政府职能对上层建筑中制度的一部分即财政体制有巨大影响。这双重关系综合表现为政府职能对财政体制的影响。政府职能范围对政府与企业和个人之间的分配体制的影响，造成我国主要是以国有企业为主的财务体制；政府职能对各级政府之间的财政分配体制的影响，使我国形成以国家预算为主的体制。

4. 价格对财政收入规模的影响

（1）价格总水平变动对财政收入规模的影响

一般来说，由于财政收入是以一定的货币量表示的，则有名义财政收入与实际财政收入之分。所谓名义财政收入是指当年账面上实现的财政收入，而实际财政收入是指财政收入所真正代表的社会产品的数量，在价值上可以用按不变价格计算的财政收入来表示。在其他条件一定的情况下，某年的物价上升，该年度的名义财政收入就会增加，但实际财政收入并不一定增加。

通货膨胀对财政收入的影响，有以下几种不同情况。

①财政收入增长率高于物价上升率，财政收入实际增长大于名义增长。

②物价上升率高于财政收入增长率，财政名义收入是正增长，财政实际收入是负增长。

③财政收入增长率与物价上升率大体一致，财政收入只有名义增长，而财政实际收入不增不减。

物价上涨对财政收入的增加并不一定有利，但如果物价上涨是由财政出现赤字，中央银行被迫发行货币以弥补赤字所引起的，则这时的通货膨胀对财政来说是有利的。因为在引发通货膨胀的同时，政府多取得了一笔收入（即弥补赤字部分），企业和居民个人的实际收入则因通货膨胀而有所下降。政府的这种做法实际上是对企业和个人征收了一笔税收，人们通常把它称作"通货膨胀税"。

（2）税收制度对财政收入规模的影响

在经济增长水平、政府分配政策和价格水平等既定的前提下，税收制度的设计与税收的征收管理水平也对财政收入规模有较大影响。

如果是以累进所得税为主体的税制，纳税人适用的税率会随着名义收入增长而提高，即出现所谓"档次爬升"效应，从而财政在价格再分配中所得份额将有所增加。如果实行的是以比例税率的流转税为主体的税制，就意味着税收收入的增长等同于物价上涨率，财政收入只有名义增长而不会有实际增长。如果实行的是定额税，税收收入的增长总要低于物价上涨率，所以财政收入即使有名义增长，实际上也是下降的。我国现行税制以比例税率的流转税为主，同时对所得税的主要部分——企业所得税实行比例税率，因而在物价大幅度上涨的情况下，财政收入会出现名义上正增长而实际零增长的现象。

（3）产品比价关系变动对财政收入规模的影响

价格总水平的变动往往是和产品相对价格的变动同时发生的，而产品相对价格关系变动以另一种形式影响财政收入。一是产品相对价格变动会引起货币收入在企业、部门和个人各经济主体之间的转移，形成国民收入的再分配，使财源分布结构发生变化。二是财政收入在企业、部门和个人之间的分布呈非均衡状态，或者说，各经济主体上缴财政的税利比例是不同的。这样，产品相对价格变化在导致财源分布结构改变时，相关企业、部门和个人上缴的税利就会有增有减，而增减的综合结果最终影响财政收入规模。

5. 收入分配政策和分配制度对财政收入规模的影响

影响财政收入规模的另一个重要因素是政府的分配政策和分配制度。社会产品生产出来以后，要在政府、企业和居民个人之间进行一系列的分配和再分配，一国的国民收入分配政策和制度主要包括工资制度、税收制度、国有企业利润分配政策和制度等。国民收入分配政策决定整个社会的经济资源在国家、企业和个人之间的分配比例，是影响财政收入规模最直接的因素。分配制度改革影响国家与企业、中央与地方之间的利益分配。

分配政策对财政收入规模的制约主要表现在两个方面：一是收入分配政策决定剩余产品价值占整个社会产品价值的比例，进而决定财政分配对象的大小，即在国民收入既定的前提下，必占国民收入的比重；二是分配政策决定财政集中资金的比例，即 M 中财政收入所占的比重，从而决定财政收入规模的大小。

一国政府在收入分配中越是追求公平，政府进行收入再分配的力度就越大，政府要求掌握的财力就会越大。在国民收入或者社会总产品既定的情况下，政府再分配的力度越大，财政收入规模就越大。

第二章　财政政策与国家预算

第一节　财政政策的目标和工具

一、财政政策的含义

在市场经济条件下，政府对社会经济进行宏观调控通常要采用一系列经济政策来实现，其中最常用的、最直接的是财政政策和货币政策。所谓财政政策就是以财政理论为依据，运用各种财政工具，为达到一定的财政目标而采取的各种财政措施的总称。财政政策就是概括化了的财政制度、措施，是政府经济政策的重要组成部分，也是政府制定的指导财政分配活动和处理各种财政分配关系的基本方针和准则。

（一）财政政策是政府有意识活动的产物，属于上层建筑的范畴

财政政策同其他任何经济政策一样，是基于人们对客观经济规律的认识，在一定理论指导下制定的，是主观见之于客观的东西。人们在财政的实践活动中，认识了财政活动的基本状况和一般规律，形成了各种各样的财政理论，这些认识的成果和理论不能直接规范人们的行为，要通过财政政策这一中介来完成。财政政策是政府基于财政发展规律来制定的，目的是规范人们的行为，因而是有意识的活动的产物，属于上层建筑的范畴。但制定的政策正确与否，既取决于政府主观认识程度，又必须通过财政实践来判断。

（二）财政政策是政府实施宏观调控的重要手段

财政政策是政府宏观经济政策的重要组成部分，其制定和实施的过程也就是政府实施宏观调控的过程，也就是说，政府宏观调控是借助财政政策的制定和实施来实现的。政府主要通过税收、支出、公债和预算等工具来指导财政分配活动，调节各种分配关系，从而达到和实现政府的宏观目标。财政政策就为经济运行最大限度地接近这些目标提供了手段和措施。

由于财政政策与宏观调控具有内在联系，因此财政政策制定和实施的主体，财政政策调节的客体，财政政策的目标、工具等与财政宏观调控的主体、客体、目标、手段等，是完全一致或者基本一致的。

二、财政政策的目标概述

（一）财政政策目标的特征

财政政策目标是指财政政策所要实现的期望值。政策目标是政府制定包括财政政策在内的一切政策首先考虑的问题。如果目标不明确，或制定的目标不切实际，政府制定的政策就无法实施，同时也失去了实施的意义。在确定财政政策目标时，政府决策部门应注意财政政策目标的以下几方面特征。

1. 财政政策目标受财政政策功能的制约

政府确定的财政政策目标必须在财政政策功能所及的范围之内。如果政府所确定的目标超出了财政政策功能范围的话，无论政策实施部门如何努力，都是不可能实现其目标的。

2. 财政政策目标在时间上具有一定的连续性

政府的财政政策是通过税法、预算法等一系列法律程序来制定和贯彻的，具有法律严肃性，因此，财政政策目标在时间上必须保持一定的连贯性和一贯性，切不可朝令夕改。换句话说，财政政策适用于那些国民经济发展中经常遇到的、长期性的问题，如保证社会总供给和社会总需求的平衡、产业结构的合理等。而经济发展中遇到的一些局部性、暂时性问题，则应尽可能通过其他途径来解决，避免滥用财政政策目标的现象。当然，财政政策的目标具有时间上的连续性，并不等于财政政策目标是一成不变的。社会经济瞬息万变，财政政策目标也应随经济的变化而适当调整，但这种调整应适度，不可太频繁。

3. 财政政策目标在空间上具有一致性

财政政策目标是一个包含多重目标在内的完整体系。一个大目标，往往是通过几个小目标的贯彻来实现的。比如，我们目前实施的积极财政政策扩大内需的目标，就是通过税收政策目标、财政支出目标以及国债政策目标等子目标来实现的。这样，就要求在财政政策的总目标与子目标之间，以及各子目标之间保持一致性，才能保证财政政策实施的有效性。如果总目标与子目标或各子目标之间存在相互矛盾的话，就很可能产生政策内耗，其作用相互抵消，从而大大降低财政政策的有效性。

(二) 财政政策的目标

财政政策的目标具有多重特征，构成一个目标体系，一般包括经济稳定、经济发展、收入公平分配和预算平衡四大目标。

1. 经济稳定目标

经济稳定是财政政策的首要目标，一定时期内经济是否稳定，可以从内部和外部两方面来衡量。从本国经济内部衡量经济稳定与否的指标主要有两个：一个是物价的稳定，另一个是产量和收入的稳定。所谓物价稳定是指社会价格总水平的稳定。经济学上所讲的物价稳定，并不是说物价保持不动，通货膨胀为零，而是要求将通货膨胀控制在一定水平上。产量和收入的稳定与生产要素的投入有密切关系。因此，产量和收入的稳定与否，一般用就业情况来衡量，常用的指标是失业率。如果经济处于充分就业的状态，说明社会资源得到了充分利用，产量和收入实现了最大化。从外部衡量经济稳定与否的指标主要是国际收支的平衡状况。在现代开放经济条件下，国际收支不仅可以反映一国的对外经济交往情况，而且可以反映其整个经济稳定程度。

2. 经济发展目标

经济发展是一个综合性概念，是指伴随经济结构、社会结构和政治结构改革的经济增长。它克服了传统的政府经济结构目标单纯追求经济总量增长的弊端，不仅注重国民经济数量的增长，更重视国民经济质量的提高。具体来讲，经济发展目标本身也是一个政策目标体系，包括以下三个子目标：一是经济增长目标，所谓经济增长是指经济总量不断扩大，衡量经济增长的一个最基本指标就是国内生产总值增长率，经济总量的增长是各国政府所极力追求的目标；二是资源合理配置目标，资源配置是指资源在不同途径和不同使用者之间的分配，资源的合理配置及其使用效率的最大化，是经济增长的前提；三是社会生活质量的提高，经济活动的最终目标是满足全体社会成员的需要，需要的满足程度，不仅取决于个人消费需求的实现，而且取决于社会公共需要的满足程度，公共需要的满足程度代表着社会生活质量的高低。

3. 收入公平分配目标

收入公平分配指的是一国社会成员分配的平均程度。这个目标的内涵是使社会成员的收入分配既有利于充分调动社会成员的劳动积极性，同时又不至于产生过分的贫富悬殊。收入的公平分配很难自动实现，因此，就需要通过财政政策来对社会成员的收入分配状况进行有效的调节。收入公平分配不是一个纯粹的经济目标，它是经济的、道德的、社会的以及政治和历史的统一体。

4. 预算平衡目标

预算平衡是指在一定时期内，国家预算的基本收支保持平衡。预算平衡有年度平衡、经济总量平衡与周期预算平衡等多种不同平衡方法。年度平衡是指每个财政年度的财政收支要保持基本平衡。经济总量平衡是指预算不以自身的平衡为目标，而是以经济总量，即社会总供给与总需求平衡为追求的目标。当社会经济发展需要预算保持盈余时，就实行盈余预算政策。周期预算平衡是指在一个经济周期内保持财政收支的基本平衡。在经济发展的高峰时期，财政收支有盈余，在经济危机时期，出现赤字，但在高峰、危机的周期内，总的看来，预算收支基本上是平衡的。在现代社会，政府负有干预经济的重要职责，许多国家政府放弃了传统的年度平衡的观念，将财政政策的预算平衡目标定位于经济总量平衡或经济周期平衡上。因为如果财政过分追求年度平衡，就会大大削弱财政政策对经济的干预能力。

三、财政政策工具

财政政策工具是为实现财政政策目标所选择的组织方式和操作工具。有目标而没有工具，目标就只能流于形式，再好的目标也不能实现，政策工具是为实现政策目标服务的。实现财政政策目标的工具很多，但正确工具的选择决定着目标的实现。理论和实践表明，财政政策工具选择不当，会导致政策目标的偏离，甚至产生不同程度的扭曲和破坏。一般来说，财政政策工具主要包括政府预算、公共收入政策工具、公共支出政策工具等。

（一）政府预算

政府预算作为一种控制财政收支及其差额的机制，在各种财政政策工具中居于核心地位，是财政政策的主要工具。它能系统地反映财政政策的意图和目标。政府预算的调节功能主要体现在财政收支规模和收支差额两方面。

由于政府预算全面反映政府财政收支的规模和平衡、状态，因而可以通过政府预算收支规模的变动及平衡状态有效地调节社会总供给和总需求的平衡关系，乃至国民经济的综合平衡。由各级预算安排的收支总量分别构成社会总供给和总需求的一部分，因此，预算收支对比关系可以直接调节总供需的对比关系。预算制度调控着财政收入、支出及其差额，进而调节总需求流量，引导经济沿着财政政策目标的要求运行。

政府预算可以两种形态来实现调节作用，即赤字预算和盈余预算。赤字预算是在有效需求不足时，通过增加支出来刺激总需求，体现的是一种扩张性财政政策；盈余预算是在总需求膨胀时，通过增加收入、减少支出来抑制总需求，体现的是一种紧缩性财政政策。

（二）公共收入政策工具

公共收入政策工具主要指税收工具和公债工具。

1. 税收

税收在国民经济中具有最广泛的调节作用，是实施财政政策的主要工具。税收可以调节总供给和总需求的平衡关系，可以调节产业结构、优化资源配置；可以调节各种收入，实现社会公平。在市场经济运行中，政府通过税收调节总供求，一般会经历两个过程，在经济出现波动初期，政府会先发挥税收自动稳定器作用，如果效果不明显，政府就会通过改变原有税制、税种、税率、税收优惠等办法来解决。

2. 公债

公债作为一种有效的财政政策工具，一方面通过发行公债可以筹集财政资金，弥补财政赤字；另一方面，通过公债发行与在资金市场的流通来影响货币供求，从而调节社会总需求水平，对经济产生促进或抑制作用。政府的公债政策更多的是作为一种调节经济的工具，因而与一般意义上的债权债务关系不同。因为借贷双方地位并不对等，政府用来偿还本息的钱并不来自政府本身，而是来自向债权人——公众征税。公债政策的经济杠杆作用主要体现在它对经济社会利率的影响上，这种影响是通过公债利率水平的确定和公债价格的改变来实现的。

（三）公共支出政策工具

公共支出政策工具主要是扩大支出规模、压缩支出规模或调整支出结构等。扩大支出规模是针对经济疲软、物价波动、社会购买力不足而采取的措施，目的是通过增加总需求以刺激经济复苏。

（四）财政政策效应

所谓财政政策效应是指财政政策实施的最终反应和结果。这些反应和结果不仅仅是财政政策对社会经济活动的影响，而且社会经济各方面也将对此产生相应的反应。一般来讲，财政政策效应主要包括以下几个方面。

1. 内在稳定器效应

内在稳定器效应是指财政政策在宏观经济不稳定的情况下，无须借助外力，可以直接产生调控效果，自动发挥作用，使宏观经济趋向稳定。财政政策具有这种内在的、自动产生稳定效果的内在功能，并且可以随着社会经济的发展自行发挥调节作用，不需要政府专门采取干预行动。这种内在稳定器效应主要体现在税收自动变化、政府支出自动变化、农产品价格的维持等方面。

2. 财政政策乘数效应

财政政策乘数效应是指财政政策的运用如增减一定量的财政收支导致国民收入倍增或倍减，从而影响经济、影响总供求关系的效果。

（1）税收乘数效应

税收乘数效应是指由于税收的增加或减少导致国民收入成倍地减少或增加。如提高税率，就会增加税收，同时，消费和投资需求就会下降。一个部门收入的下降又会引起另一个部门收入的下降，如此循环，国民收入就以税收增加倍数而下降。相反，国民收入会以税收减少倍数而增加。

（2）投资或公共支出乘数效应

投资或公共支出乘数效应是指投资或政府公共支出的增减变化引起社会总需求变动对国民收入增加或减少的程度。如增加政府支出，就会增加社会消费量，引起生产部门投资增加，导致国民收入倍数的增加，即因政府增加公共支出而带来数倍于政府支出的增加量。

（3）平衡预算乘数效应

平衡预算乘数效应是指政府收入和支出同时以相等数量增加或减少时，国民收入增加了一个政府支出和税收变动相等的数量。

3. 货币效应

财政政策货币效应表现在两个方面：一是政府投资、公共支出、财政补贴等本身形成一部分社会货币购买力，增加流通中的货币量；二是公债，公债发行无异于纸币发行，公债发行数量过大，引起流通中货币量的增加，产生通货膨胀效应。

第二节　财政政策与货币政策

一、货币政策

货币政策是指政府及其货币当局为了实现一定的宏观经济目的所制定的关于货币供应

和货币流通的基本方针和措施，主要由信贷政策、利率政策、汇率政策等构成。

同财政政策目标相似，货币政策目标也具有层次性特征，即由总目标、中介性目标两个层次目标构成。

（一）货币政策的总目标

国家货币政策的总目标也称货币政策基本目标。货币政策作为国家经济政策的一个组成部分，它的基本目标应当与国家宏观经济管理目标相一致。从目前来看，发展经济、稳定经济是我国宏观经济管理的重要目标，与之相适应，我国现行货币政策的基本目标是：发展经济，稳定币值。

所谓发展经济，不仅是指经济发展的速度正常和总量增长，而且更重要的是指经济效益的提高和经济结构的协调，以促进社会生产力的稳步发展。所谓稳定币值，一是指货币供给量与经济发展对货币的客观需求量相一致；二是指货币供给量的变动幅度不是很大，从而防止人民币贬值，保持物价和人民币购买力的稳定，这就是通常所讲的"双重目标"。

客观上，在发展经济与稳定币值这两大目标之间存在着内在统一性，这种内在统一性主要表现在两个方面。一方面，发展经济是稳定币值的物质基础，即经济发展了，日益增长的商品与劳务的供给就为币值的稳定奠定了坚实的物质基础。供给不足，势必导致需求过剩，进而引发币值波动。因此，币值稳定必须以经济发展为基础。另一方面，稳定币值又是发展经济的前提条件。币值稳定，意味着物价平稳、货币流通正常，这正是经济发展所必需的重要前提条件。国内外的事实均已证明，只有在物价稳定、货币流通正常的条件下，经济才能健康、稳定、快速地向前发展；反之，如果币值不稳、通货膨胀严重，其结果必然阻碍经济发展，甚至将经济发展的成果葬送掉。

（二）货币政策的中介目标

货币政策的中介目标是指供中央银行进行信用调控时能够直接操作和掌握的目标。

货币政策的中介目标一般具有三个特点：一是可测性，即作为一种可操作性目标，它的金融变量必须十分清楚，能够具体测度，数字获取容易，便于进行计量分析；二是可控性，即中央银行要有能力对这些变量进行有效控制和灵活调节；三是相关性，即这些中介目标必须与货币政策总目标密切相关，必须保证通过中介目标的调控，可以实现货币政策总目标。

二、财政政策的种类和手段

(一) 财政政策的种类

1. 自动稳定的财政政策和相机抉择的财政政策

根据财政政策调节经济周期的作用来划分,可将财政政策分为自动稳定的财政政策和相机抉择的财政政策。

(1) 自动稳定的财政政策

是指财政制度本身存在一种内在的、不需要的政府采取其他干预行为就可以随着经济社会的发展自动调节经济运行的机制,这种机制也被称为财政自动稳定器,主要表现在两方面。一方面是包括个人所得税和个人所得税的累进所得税自动稳定作用。在经济萧条时,个人和企业利润降低,符合纳税条件的个人和企业数量减少,因而税基相对缩小,使用的累进税率相对下降,税收自动减少。因税收的减少幅度大于个人收入和企业利润的下降幅度,税收便会产生一种推力,防止个人消费和企业投资的过度下降,从而起到反经济衰退的作用。在经济过热时期,其作用机理正好相反。另一方面是政府福利支出的自动稳定作用。如果经济出现衰退,符合领取失业救济和各种福利标准的人数增加,失业救济和各种福利的发放自动增加,从而有利于抑制消费支出的持续下降,防止经济的进一步衰退。在经济繁荣时期,其作用机理正好相反。

(2) 相机抉择的财政政策

是指政府根据一定时期的经济社会状况,主动灵活选择不同类型的反经济周期的财政政策工具,干预经济运行行为,实现财政政策目标。相机抉择的财政政策具体包括汲水政策和补偿政策。汲水政策是指在经济萧条时期进行公共投资,以增加社会有效需求,使经济恢复活力的政策。汲水政策有三个特点:第一,它以市场经济所具有的自发机制为前提,是一种诱导经济恢复的政策;第二,它以扩大公共投资规模为手段,启动和活跃社会投资;第三,财政投资规模具有有限性,即只要社会投资恢复活力,经济实现自主增长,政府就不再投资或缩小投资规模。补偿政策是指政府有意识地从当时经济状况反方向上调节经济景气变动的财政政策,以实现稳定经济波动的目的。在经济萧条时期,为缓解通货紧缩影响,政府通过增加支出、减少收入政策来增加投资和消费需求,增加社会有效需求,刺激经济增长;反之,在经济繁荣时期,为抑制通货膨胀,政府通过财政增加收入、减少支出等政策来抑制和减少社会过剩需求,稳定经济波动。

2. 扩张性财政政策、紧缩性财政政策和中性财政政策

根据财政政策调节国民经济总量和结构中的不同功能来划分，财政政策可划分为扩张性财政政策、紧缩性财政政策和中性财政政策。

（1）扩张性财政政策又称积极的财政政策

是指通过财政分配活动来增加和刺激社会的总需求，主要措施有增加国债、降低税率、提高政府购买和转移支付。

（2）紧缩性财政政策又称适度从紧的财政政策

是指通过财政分配活动来减少和抑制总需求，主要措施有减少国债、提高税率、减少政府购买和转移支付。

（3）中性财政政策又称稳健的财政政策

是指财政的分配活动对社会总需求的影响保持中性。

（二）财政政策的手段

财政政策的手段主要包括税收、预算、国债、购买性支出和财政转移支付等。例如减少税收可以刺激消费，增加政府的支出能够刺激生产，这两种方式都可以刺激经济增长。

财政政策的手段是指国家为实现财政政策目标所采取的经济、法律、行政措施的总和。经济措施主要指财政杠杆；法律措施是通过立法来规范各种财政分配关系和财政收支行为，对违法活动予以法律制裁；行政措施指运用政府机关的行政权力予以干预。

财政政策手段的选择是由财政政策的性质及目标所决定的。财政政策的阶级性质和具体目标不同，所采取的手段也不同。

三、财政政策与货币政策的功能差异

（一）传导过程差异

从对国民经济宏观需求管理的角度看，财政政策和货币政策都是通过对社会总需求的调节来达到宏观调控目标的，但是，两者的手段不同、操作方式不同，因而从政策调节到实现政策目标过程的传导机制也不同。

中央银行的货币政策措施一般是通过商业银行传导到企业和居民，影响企业和居民的经济行为，进而达到宏观调控目标的。

财政政策措施一般是直接作用于企业和居民的，例如，通过调整税率或累进的个人所得税率的自动稳定功能，以及对个人转移支付，财政政策会直接影响到个人的经济行为；

财政政策对企业的作用过程是直接的,具有直接性的特点。

(二)政策调整时滞差异

由于政策运行本身是在不断变化的,为了实现既定的宏观经济管理目标,政策制定与操纵当局必须适时调整政策。然而,从政策制定与操纵者对经济形势的确认到政策调整再到调整后的政策作用于市场经济行为主体进而实现政策目标,需要耗费一定的时间,经济学称这种时间耗费为政策调整时滞。财政政策和货币政策之间存在政策调整时滞差异。

首先看货币政策。一般情况下,中央银行或者政府及其财政部门对经济形势变化情况的确认时间是相近的,但中央银行从其对形势的确认到政策的调整,一般不需要花太多的时间,它可以随时调整货币政策。因此,货币政策的调整时滞比较短。

财政政策则不同,财政政策的制定与调整必须依法按财政年度进行。因此,它不像货币政策那样可以随时调整,政策调整的时间比较长。此外,财政政策的调整必须经过必要的法律程序,进一步延长了财政政策的调整时滞。

四、财政政策与货币政策的四种组合形式

从需求管理的角度看,无论是财政政策,还是货币政策,都可以根据不同时期社会总需求与总供给的对比状态,采取"松"的政策、"中性"政策和"紧"的政策。其中,"松"的财政政策或货币政策,是以扩张社会总需求为目的的政策,"紧"的政策是以收缩社会总需求为目的的政策,而"中性"政策则介于二者之间。财政政策与货币政策的配合协调运用,就是这三种类型政策的不同组合,如表2-1所示。

表2-1 财政政策与货币政策的不同组合

财政政策	货币政策		
	紧	中性	松
紧	双紧	—	紧—松
中性	—	—	—
松	松—紧	—	双松

"中性"政策实质上属于一种对市场经济不产生"干扰"的政策,在实践中,无论是对于货币政策还是对于财政政策来说,要使其对市场经济不产生任何"干扰"是不可能的,对经济无"干扰"的政策是不存在的。因此,经济学家通常只研究其中的四种组合形式。

（一）紧的财政政策和紧的货币政策

紧的财政政策和紧的货币政策简称"双紧政策"。紧的财政政策一般是指旨在抑制社会需求的政策，主要是通过增加税收、削减政府支出规模等手段来限制支出、抑制社会总需求。紧的货币政策是指以紧缩需求、抑制通货膨胀为目的的货币政策，主要通过提高法定准备率等市场经济手段以及紧缩信贷计划（是我国目前的手段）等行政计划手段减少货币供给，进而达到紧缩的目的。这种政策组合通常可以有效地制止和压缩需求膨胀和通货膨胀，但同时也会对经济增长产生抑制作用。

（二）紧的财政政策和松的货币政策

紧的财政政策和松的货币政策是以扩大社会需求以刺激经济增长为目标的货币政策。由于紧的财政政策具有抑制需求的作用，所以它和松的货币政策相配合，一般可以起到既控制需求，又保持适度经济增长的作用。但两者有个松紧搭配适度的问题，过松的货币政策可能会在总量上抵消紧的财政政策对需求的抑制作用，进而产生通货膨胀；而过紧的财政政策则可能会进一步放慢经济增长速度，甚至产生经济停滞。

（三）松的财政政策和紧的货币政策

松的财政政策具有刺激需求、加大对经济结构调整力度的作用；而紧的货币政策则可以防止过高的通货膨胀。因此，这种政策组合既可以使经济保持适度增长，实现对经济的结构性调整，又可以尽可能避免通货膨胀。但若松紧搭配不当，可能会产生其他不良后果。例如，过松的财政政策有可能造成赤字累积，并且同时造成社会总需求过于旺盛，进而在总量上抵消紧的货币政策的抑制需求作用；反之，如果货币政策过紧，也往往会对经济增长产生阻碍作用。

（四）松的财政政策和松的货币政策

松的财政政策和松的货币政策简称"双松"政策。松的财政政策主要通过减少税收和增加政府财政开支来扩大社会总需求，同时，由于政府支出和税收一般都带有明显的方向性，对经济结构和资源配置结构产生重要影响；松的货币政策在总量上会扩大货币供给，进而扩大社会需求总量，因而在方向上同财政政策是一致的。在社会总需求不足的情况下，采取这种政策组合可以起到扩大需求、刺激经济、增加就业的作用。但是，与此同时，这种政策组合往往会造成严重的通货膨胀。

通过对以上四种政策组合的介绍，我们可以看出，所谓"松紧"搭配，主要是利用财政政策和货币政策各自的特殊功能，达到在总量上平衡需求、在结构上调整市场资源配置的目的。此外，对政策组合的选择，往往还要考虑政治和体制上的因素。

五、中国现行的财政政策与货币政策

想让货币政策与财政政策在实际中有效地发挥其作用，就要找到货币政策与财政政策共同发挥对经济调节作用的最佳结合点。当然，这个因素既可能是货币政策实施的结果，又可能是财政政策实施的结果。货币政策与财政政策的最佳结合点应当一头连着财政收支的管理结构，另一头关系到货币供应量的适度调控，有互补互利的作用。因为财政收支状况的变动是财政政策的直接结果，而货币供应量则是中央银行货币政策的主要目标。

在社会主义市场经济体制下，特别是在市场经济的初级阶段，我们必须注意财政政策与货币政策的结合点。一般来说，两大政策的协调有两种方式：一种是各自以自己的调控内容与对方保持某种程度的协调，也就是常说的政策效应的相互呼应；另一种则是两大政策的直接联系，也就是所谓政策操作点的结合。经济转轨时期的财政体制和金融体制处在变革之中，其结合点也会因此而变动。因此，在经济转型过程中，我国货币政策与财政政策协调配合有两大基点：一是国债；二是财政投融资体制改革。

第三节 财政政策的实践

改革开放以来，我国财政政策的实施大致可分为三个阶段：1978—1997 年为第一阶段，宏观经济面临的矛盾是总需求大于总供给，宏观调控要解决的根本问题是在增加供给的同时如何预防通货膨胀，这个阶段的财政政策总体表现为紧缩的财政政策，成为短缺经济条件下的财政政策；1997—2003 年为第二阶段，宏观经济面临的矛盾总是总需求小于总供给，宏观调控要解决的根本问题是如何扩大内需，因此把这个阶段的财政政策称为需求不足条件下的财政政策，即积极财政政策；2003 年至今为第三阶段，宏观经济面临的矛盾是经济供求关系发生变化，经济结构任务调整突出，宏观调控所要解决的根本问题是转变经济增长方式，建设资源节约型、环境友好型社会，走新型工业化道路，这一阶段财政政策形式表现为稳健型，也称协调发展政策。

一、积极财政政策

（一）积极财政政策的含义

积极财政政策，是财政政策中相机抉择因素的积极运用，表现为扩张性财政政策，即在有效需求不足时通过财政活动来增加和刺激社会总需求，以达到供给和需求平衡或者其他特定目的。

积极财政政策就是决定政府税收和开支的方法，以便有助于削弱经济周期的波动，维持一个没有过度通货膨胀和通货紧缩的不断成长和高度就业的经济体制。

（二）积极财政政策的内涵

我国政府提出和实施的积极财政政策，是有其特定的经济社会背景和政策内涵的。

1. 积极的财政政策是就政策作用大小的比较意义而言的

改革开放以来，由于多种原因，我国财政收入占 GDP 的比重，以及中央财政收入占全部财政收入的比重不断下降，出现了国家财政的宏观调控能力趋于弱化的窘境。为了使我国财政政策尽快从调控功能弱化的困境中走出来，就需要实施积极的财政政策，对经济增长发挥更加直接、更为积极的促进和拉动作用。

2. 积极的财政政策是就我国结构调整和社会稳定的迫切需要而言的

随着改革开放的深入，市场化程度的不断提高，我国社会经济生活中的结构性矛盾也日渐突出，成了新形势下扩大内需、开拓市场、促进经济持续快速健康发展的障碍。而作为结构调整最重要手段的财政政策，显然应在我国的结构优化和结构调整中，发挥比以往更加积极的作用。此外，由于社会收入分配差距扩大，作为社会再分配唯一手段的财政政策，也必须在促进社会公平、保证社会稳定方面发挥关键的调节功能。这是市场机制和其他政策手段所无法替代的。形势的变化、紧迫的客观需要，使我国的财政政策不能不走上前台，充分发挥其应有的积极作用。

3. 积极的财政政策不是一种政策类型，而是一种政策措施选择

现代市场经济条件下的财政政策，大体可分为扩张性财政政策、紧缩性财政政策和中性财政政策三种类型。而我国当前实施的积极的财政政策，是在适度从紧财政政策大方向下，根据变化了的新情况、新问题和始料不及的某些外部因素而采取的一种应对性财政政策举措，并不是一种政策类型。

(三) 积极财政政策的正面效应

作为一项反周期的宏观政策，积极财政政策总体上是恰当的。积极财政政策的实施，使国民经济在面临内外紧缩的条件下避免了经济衰退，实现经济的持续、平稳增长，对我国经济社会的相对平衡发展起到了不可低估的作用。

1. 积极财政政策拉动了经济增长

投资一向被视为驱动经济增长的主要因素之一，在政府投资主导模式尚未转变的条件下，国债投资及其乘数作用放大了固定资产投资规模，加快了基础设施建设步伐。

2. 积极财政政策加快了基础设施的完善步伐，促进了经济结构优化和升级

自20世纪90年代起，我国财政在国债安排上刻意增加对基础设施建设的投入。其间安排了数千个大型基础设施建设项目，并且新建了大批经济发展中迫切需要的基础设施工程，如城市污水治理工程、高速公路、铁路建设，新建和改建机场，加固长江堤坝，治理河流污染工程等。

在国债资金直接投入基础设施建设的同时，技术改造和高新技术项目建设也如期跟上。这不仅使企业的技术水平有了较大提高，还同步优化了产业结构，增强了产品的更新换代和出口能力，为经济持续发展提供了新的动力源。

3. 积极财政政策直接增加了就业岗位数，促进了区域经济发展

积极财政政策的实施，总体上改善了经营环境，为经济各方面的持续稳定发展打开了局面。其间，国债资金支持的大批新项目及其配套项目的建设，这对拉动相关产业发展起到了很好的刺激作用。其直接效应就是就业岗位数急速增加，城镇居民可支配收入稳步增长，社会福利得到提升。

二、稳健财政政策

稳健财政政策，是指财政收支保持平衡，不对社会总需求产生扩张或紧缩影响的一种财政政策。就宏观经济调控的主要任务而言，稳健财政政策的基本要求就是不给经济运行带来扩张性的影响，其典型特征就是政府尽量不去人为地刺激经济，而应该在宏观上让经济保持平稳，财政手段既不"扩张"，又不"紧缩"，而是保持中立。

（一）稳健财政政策的出台

根据我国宏观经济形势的发展变化和巩固宏观调控成果的要求，自21世纪初起我国

调整财政政策取向，由扩张性的积极财政政策转向稳健财政政策。

实施七年的扩张性的积极财政政策转为中性的稳健财政政策，这一重大财政政策的调整，不仅意味着扩张性的积极财政政策"功成身退"，而且体现了来自国民经济发展周期中的阶段转换的必要性。这次调整具有系统性，足以称为一种政策转型。稳健财政政策基本内涵包括四个方面：①基本维持现有规模的水平，保持政策的连续性和稳定性；②合理调整财政收入的增长速度，增强市场对资源配置的基础作用；③优化支出结构，加强管理，提高效率；④促进经济增长方式向集约型转变。

（二）稳健财政政策的三重内涵

从"积极"到"稳健"，虽然仅仅是两个字的变化，但其中却蕴含着三重含义，即适度、避险和公平，稳健财政政策意味深长。

1. 适度

适度一方面是指财政政策力度适中，政府财政支出在保证对经济增长有效刺激的前提下适当减少，政府财政收入在保证微观主体消费、投资需求不受较大影响的前提下适当增加，将财政赤字缩减到合理边界；另一方面，稳健财政政策的适度性来源于渐进式改革的轻微震荡性。

2. 避险

避险即规避经济过热和赤字激增两方面的风险。一方面，稳健财政政策通过对政府支出的抑制避免了通胀风险的集中；另一方面，稳健财政政策的适时推出避免了我国经济陷入赤字旋涡的风险，保障了我国经济增长的安全性。

3. 公平

公平即促进了财富在代际间的合理分配。政府的赤字财政政策可能刺激了一代人的消费，但如果这种积极财政长期化，将造成财富在代际间的不公平转移。财政赤字要靠税收来弥补，而负担这一税收义务的很可能是下一代人。这种财富跨代再分配造成了福利天平的倾斜，稳健财政政策及时终止了赤字财政政策长期化的趋势，重新将国债负担交回受益的一代人，促进了长期社会财富的公平分配。

三、稳健财政政策的实施原则

我国顺利实施稳健财政政策的关键是财政政策体系的改善并在此基础上实现各项政策工具的协调配合，发挥出政策的整体优势。

（一）适当减少财政赤字和长期建设国债发行规模

GDP 增长的同时，财政赤字比重会下降。但短期内大幅减少长期国债发行和财政赤字，会遇到各方面的阻力，最终影响到财政自身运作的可行性。逐步减少增发国债的数额是可行的。并且，将增发国债的部分收入在经济建设方面的用途限制于在建工程的后续上，不再支持新增设项目，而将主要资金转向支持卫生、教育、社会保障等公共事业和支持进一步改革。

（二）调整结构

结构调整是宏观经济政策要实现的重要目标之一。财政政策应发挥资金导向作用，着力调整财政支出结构和国债资金投向结构，资金安排应有保有压、有促有控。具体体现为：既要保证在建国债项目按期完成，发挥作用，又要将主要资金投入到农村公共基础设施建设中去，支持粮食生产、基础教育、公共卫生体系、公检司法、生态建设和环境保护、资源节约和循环经济等方面的建设项目；与此同时，财政还必须明确目标，支持西部开发、东北地区等老工业基地调整改造和中部崛起的重点项目，以及加强边境国防安全、能源安全和反恐的基础设施建设。

（三）推进改革

转变主要靠国债项目投资拉动经济增长的方式，按照既立足当前又着眼长远的原则，再继续安排部分国债项目投资，整合预算内基本建设投资，保证一定规模中央财政投资的基础上，适当调减国债项目投资规模，腾出部分财力用于推进体制和制度的改革创新，为市场主体和经济发展创造相对宽松的财税环境，建立有利于经济自主增长的长效机制。

（四）增收节支

实现结构性减税和财政收入同步增加的立体组合，也就是说，在总体税负不增或略减的基础上，严格依法征税，确保财政收入稳定增长，同时严控支出增长，切实提高财政资金的使用效率。

总之，积极的财政政策是包括财政调控目标方向、手段组合、方式方法转变在内的重大政策转型。虽然长期建设国债和财政赤字规模"双减"，但并不意味着紧缩；虽然在宏观调控中退居幕后，财政政策却肩负结构调整等多种要务和重责。

四、稳健财政政策的效应分析

相对于积极财政政策，稳健财政政策更注重区别对待，有保有控。更为突出的是，稳健财政政策更多地体现了政策功能上的积极转向。

稳健财政政策实施的成效是积极的、明显的，可以从两个方面来分析：从总量上看，财政政策在促进经济持续较快增长上发挥了重要作用；从结构上看，财政政策在"保"和"控"两方面促进了国民经济持续、快速、协调、健康的发展和社会的全面进步。

（一）稳健财政政策的总量效应

在促进经济持续快速增长的政策效应方面，稳健财政政策同积极财政政策一样，也具有显著作用，但二者在政策取向和作用机制上明显不同。积极财政政策着眼于逆经济周期的需求管理，主要目的是通过扩大政府购买、发挥乘数效应，弥补有效需求不足，刺激经济增长。而稳健财政政策是需求管理和供给管理相结合，在扩张有效需求的同时调整和优化产业结构，更能充分发挥财政政策针对性的特点，使政策着力点从应急的、解决短期问题的目标转移到经济的可持续发展上来，政策设计的主要目的不是以财政政策的扩张加速经济增长，而是要理顺经济增长各要素之间的关系，为经济的内生增长提供一个健康的、有保障的平台。

（二）稳健财政政策的结构效应

稳健财政政策在调整经济结构上主要通过"有保有控"、截长补短，促进经济社会协调健康发展。

"保"的方面，其一是保农业增产，农民增收。财政各项支农惠农政策措施，重在有效调动农民积极性。其二是保国民经济重点行业，如煤、电、运输等对经济增长形成瓶颈的行业，使其供给能力明显增强。其三是保就业和社会保障工作。其四是保各项社会事业全面发展。

"控"的方面，一是部分行业过快增长的势头得到了有效遏制。冶金、水泥、电石、焦炭等前期过热行业的投资增幅出现理性回归。房地产市场调控政策的效应初步显现，二是投资调控得到加强。三是抑制高耗能产品出口取得初步成效。

第四节 复式预算与预算外资金

一、国家预算的概念

国家预算是国家财政的收支计划,是以收支一览表形式表现的、具有法律地位的文件,是国家财政实现计划管理的工具。财政收入反映着国家支配的财力规模和来源,财政支出反映着国家财力分配使用的方向和构成,财政收支的对比反映着国家财力的平衡状况。这样,通过编制国家预算就可以有计划地组织收入和合理地安排支出,贯彻国家的方针政策,保证国家各项职能的实现。

从国家预算同综合财政计划的关系而言,国家预算是国家的基本财政计划。综合财政计划是国民经济和社会发展计划在资金方面的综合反映,不具有法律地位,是内部平衡计划。通过编制综合财政计划可以审查与保证国民经济和社会发展中各项资金之间的平衡,资金同物资、劳动力之间的协调,从而促使国民经济有计划、按比例地发展。综合财政计划包括国家预算收支、预算外收支、银行信贷收支、现金收支,企业部门财务收入相当大的一部分也是通过国家预算集中进行分配的,而且,国家预算对其他收支计划有着更大的影响和制约作用,是综合财政计划的中心环节。

二、国家预算的分类

最初的国家预算是通过将财政收支数字按一定程序填入特定的表格来反映的。随着社会经济生活和财政活动逐步复杂化,国家预算逐步形成包括多种预算形式和预算方法在内的复杂的系统。具体来说,包括以下几种分类方式。

(一) 根据国家预算编制形式划分

根据国家预算编制形式包括的范围不同,国家预算分为单式预算和复式预算。

单式预算是在预算年度内,将全部财政收支编制在一个总预算内,而不再按各类财政收支的性质分别编制预算。其预算结构和编制方法比较简单,便于从整体上综合反映国家财政收支的全貌,缺点是没有按财政收支的经济性质分别编列和平衡,看不出各收支项目之间的对应平衡关系,不利于进行宏观调节与控制。以前我国采用这种预算编制形式,现已改为复式预算编制形式。

复式预算是在预算年度内将全部财政收支按经济性质分别编成两个或两个以上的预算。编制复式预算，可以根据财政收入的不同性质，分别进行分析和管理，有利于国家职能的分离，有利于提高财政支出的经济效益，有利于实行宏观决策和管理。

（二）根据预算内容的分合关系不同划分

根据预算内容的分合关系不同，国家预算分为总预算和单位预算。

总预算是各级政府汇总本级政府预算和下级政府的预算所编成的预算。单位预算是各级政府机关、社会团体、事业单位的经费预算和国有企业的财务收支计划。

（三）根据国家预算组成环节的层次不同划分

根据国家预算组成环节的层次不同，国家预算分为中央预算和地方预算。由于各个国家的政权组成结构不同，预算体系的组成环节也不尽相同。包括我国在内的一些国家，国家预算是由中央预算和地方预算汇总而成的，即地方预算包括在国家预算之中。但包括美国、法国、英国、日本在内的另一些国家，中央（联邦）预算与地方预算是各自独立的，地方预算不参与中央（联邦）预算的汇总，即国家预算只包括中央（联邦）预算，而不包括各级地方预算。

中央预算集中了国家预算资金的主要部分，担负着国家重点建设和全部国防、援外支出，负有调剂各个地方的预算资金以促使其预算收支平衡和支援经济不发达地区的任务，是国家履行其职责的基本财力保证，在国家预算管理体系中居于主导地位。地方预算负有组织实现大部分国家预算收入的重要任务，另外，地方行政事业、支援农业、地方工业、商业和城市建设等也均由地方预算负责，它在国家预算体系中居于基础地位。

（四）根据预算的方法划分

根据预算的方法不同，国家预算分为零基预算和增量预算。

零基预算就是政府各部门的收支计划以零为起点，不考虑以往年度的财政收支情况，只以社会经济发展为依据，编制收支预算计划。它要求首先确定政府的发展计划和目标，其次是寻求实现政府计划的各种可行办法和措施，最后根据预定目标和实施办法确定政府的预算。

增量预算是指财政收支计划指标在以前财政年度基础上，按新的财政年度的经济发展加以调整之后确定。世界各国的预算，无论是单式预算还是复式预算，主要采用增量预算。

三、复式预算的产生和特点

（一）复式预算的产生

复式预算是相对于单式预算而言的，是指在预算年度内，将全部财政收支按照经济性质或其他标准分别编制两个或两个以上的预算，并使每个预算收入和预算支出之间具有相对稳定关系的一种预算组织形式。

目前各国通常采用的复式预算，是把全部财政收支分别编制成经常预算和资本预算。经常预算的收入来源主要是税收，支出对象是政府的日常行政事业项目；资本预算的来源主要是经常预算的结余、国有（或公营）企业上缴的利润以及债务收入，支出主要是政府的投资性的支出项目。复式预算在实践中显示了它的优越性，已成为当今世界各国普遍采用的预算形式。

（二）复式预算的特点

复式预算的特点可通过对比单式预算体现，单式预算和复式预算二者之间的主要区别有以下几点。

①从形式上看，单式预算是把财政收支全部列入统一的表格中；复式预算是把全部财政收支按经济性质分别编入两个或两个以上的表格中。

②从内容看，单式预算的收大于支，即为预算盈余，反之则为预算赤字；而复式预算中，由于资本预算主要以国债和依照规定应当上缴的国有（或公营）资产收益为收入来源，一般不允许出现赤字，但往往将经费预算的盈余或赤字转入资本预算。

③从对国债收支的处理方法上看，单式预算通常把国家债务收支作为一般的收支项目对待，纳入总的收支项目中统一核算预算收支的平衡状况；复式预算的经常预算只列债务利息支出，不列债务本金，债务本金放在资本预算中用于安排投资性支出，或者用建立偿债基金的方法，把债务收支单独放在资本预算中加以反映。

④从对财政活动的反映程度看，单式预算具有全面性和综合性的特点，可以较为明确地反映财政活动的总体情况，更符合统一性和完整性的预算原则，但不能明确反映收支的结构性，更不能反映政府投资性支出的经济效益状况；复式预算虽然不如单式预算那样全面、集中、直观，但对收支结构、债务规模和经济建设状况的反映较为明确，更符合宏观调控的要求，便于对预算情况进行结构分析和宏观管理，这也正是各国普遍实行复式预算的原因。

四、我国目前复式预算的基本内容

目前我国复式预算的基本内容包括如下一些。

（一）政府公共预算

政府公共预算是指国家以社会管理者身份取得收入，用于维持政府公共活动、保障国家安全和社会秩序、发展社会各项公益事业支出的预算。

（二）国有资本经营预算

国有资本经营预算包括国家以国有资本所有者身份取得的收入、其他建设性收入和国家用于经济建设的资本性支出的预算。

政府公共预算和国有资本经营预算是密切联系、相互补充的有机整体。公共预算的结余应转入国有资本经营预算作为收入，公共预算如有差额也可转入国有资本经营预算作为支出。两类预算的收支总计是平衡的。

（三）社会保障预算

社会保障预算是指国家以行政手段筹集并管理的社会保障收入和相关支出的预算。

（四）国家财政投融资体系

国家财政投融资体系是将国家政策性投融资收支与现有的国家债务收支相结合，纳入国家预算，全面反映政府以有偿形式组织的收入和相应安排的支出。

五、现行复式预算存在的必要性

从国外复式预算的发展看，编制复式预算似乎并不一定是市场经济国家政府预算管理的通行惯例。但是，对我国而言，从社会主义市场经济建设初期的现实条件出发，现阶段采用某种形式的复式预算仍有其必要性。其原因在于以下几点。

第一，作为发展中国家，改革开放以来，虽然我国政府财政直接投资的相对规模有所下降，政府投资额占全部社会投资的比重仍处于较高的水平。因此，通过复式预算体系中的资本预算，能够加强对政府直接投资的管理。

第二，我国社会转型期的特殊因素也决定了需要采用某种形式的复式预算管理模式。在国有企业改革过程中，由于国有资本的资源配置机制缺位，对国有资本保值增值无法起到规范作用，也难以对国有资本的宏观运营、国有经济的战略调整起优化配置的作用。此外，随着我国社会经济的全面转型，构建完善的社会保障制度至关重要，因而设立单独的国有资本经营预算和社会保障预算为解决上述问题提供了一种现实的、可操作的管理工具。

第三，通过编制复式预算，将社会保障资金、社会捐赠资金等各种专项基金，国有资本转让收入、国有资本收益等资金分门别类地纳入预算框架之内，不仅可以提高预算管理的法治化、透明度，而且通过向纳税人披露政府预算支出的具体构成情况，也有利于纳税人对政府行为的监督，提高纳税人的权利主体意识。

六、预算外资金概述

（一）预算外资金的概念

预算外资金，是指国家机关、事业单位、社会团体和政府委托的其他机构履行或代行行政职能，依据国家法律、法规和具有法律效力的规章而收取、提取、募集和安排使用的未纳入财政预算管理的各种财政性资金。

预算外资金和预算内资金的唯一区分标志是资金是否通过预算拨付。凡不通过预算拨付的，为预算外资金，否则为预算内资金。不管是预算外资金还是预算内资金，性质上均属财政资金。预算外资金是国家财政预算内资金的补充，其所有权和使用权都属于国家。

（二）预算外资金的基本特征

预算外资金的基本特征有如下几点。

第一，在立项上须经国务院及其职能部门或省级政府及其职能部门批准设立，并对收取范围和标准作出明确规定，其征收体现的是一种政府行为。

第二，在使用上规定了专门用途，或是用于国家基础设施建设，或是发展社会公共事业，或是财政拨款等，必须专款专用，取之于民，用之于民。

第三，在管理上有别于预算内资金，不纳入国家预算管理，但必须接受财政监督。

（三）预算外资金的范围

预算外资金的范围是以传统意义的全民所有制为界限的，预算外资金的范围包括以下几方面。

第一，地方财政部门管理的预算外资金。这部分资金主要包括各项附加收入、集中的企业资金、统管的实业收入和其他杂项收入等。

第二，事业、行政单位管理的预算外资金。这部分资金主要是单位自收自支管理的专项资金以及作为预算外自收自支的单位资金。

第三，国有企业及其主管部门集中的各种专项资金。具体包括国有企业的折旧基金、大修理基金，固定资产变价收入，由企业留利建立的几种专项基金，企业单项留利，主管部门集中的各项基金。

第四，中央和地方主管部门管理的预算外资金。

现在预算外资金的范围主要包括：法律法规规定的行政事业性收费、基金和附加收入等；国务院或省级人民政府及其财政、发展改革（物价）部门审批的行政事业性收费；国务院以及财政部审批建立的基金、附加收入等；主管部门从所属单位集中的上缴资金；其他未纳入预算管理的财政性资金，包括以政府名义获得的各种捐赠资金、各种政府性收益——包括利用政府资源（含政府股权）取得的各种投资（含出租）收益等。社会保障资金在尚未建立社会保障预算制度以前，先按预算外资金管理制度进行管理，专款专用。

第三章 税收与现代国家治理

第一节 现代国家治理下的税收职能

一、现代国家治理下的税收

对于现代国家而言,"治理"通常被用于描述有效提供公共产品的结果以及产生这些结果的决策过程,其核心要素是政府与社会成员的互动模式。当前世界各国的实践表明,治理能力的高低至少面临着两个维度上的约束:一是政府对社会成员需求的回应程度,即政府在多大程度上能满足社会成员需求的倾向;二是政府对社会成员的负责程度,也就是政府能否通过制度化的机制回答社会成员提出的有关政府对国家权力的使用问题并使社会成员通过扩大或削减这些权力对一政府进行奖励或处罚。这两个约束条件决定了政府在确定社会成员需求、协商并解决竞争性利益各方矛盾冲突的政治能力以及制定敏感政策、提供公共服务和实施国家权力的行政能力。

税收与国家治理之间的关联性十分复杂。简要地说,税收在国家治理中的作用机制主要体现在三个方面:一是一般利益机制。由于公共部门的运转依赖税收取得经济资源,政府希望作为潜在纳税人的经济活动主体拥有良好的收益前景,因此对于促进经济增长具有很强的激励。二是行政管理机制。对税收(尤其是直接税)的依赖要求政府建立科学的税收征管机构并提供必要的税收服务。相应地,税收征管程序的优化可能使税务管理成为广泛改善公共部门绩效的前沿。三是负责和回应机制。税收使作为纳税人的社会成员参与公共决策,通过政治程序和决议要求政府提供公共产品或服务。与此同时,政府对社会成员的需求加以回应,旨在促进税收遵从和维持财政收入。前两种机制同属经济范畴,传统财政理论在税收的职能中已有所述及,此处着重考察税收对国家治理的第三种机制。

征税可以通过为社会成员和政府提供进行"税收协商"或者形成"财政契约"的激励,促进政府回应性和负责程度的提高。在协商中,取得税收收入的压力可以使政府更加重视社会成员的需求,进而提高回应性和负责程度。社会成员接受并遵从税收法律和制度，以换取政府对公共产品和服务的有效提供。这种以税收为纽带的协商是有利的，因为社会成员从公共产品和服务中获得的收益得以改善，而政府则取得了规模更大、可预测性更高且更易于征管的税收。尽管短期看推进这种互动具有一定的挑战性，也涉及政府行为方式的转变，但长期来看，这些对话和协商对于改善国家治理而言是最为有利的策略。此外，社会成员对征税问题的讨论和参与也是影响公共政策形成和完善的现实途径。这种参与有助于将有关公共政策的争论扩展至更为广泛的利益群体，促进政府和社会成员对公共产品提供数量及质量的协商，从而在完善社会成员意愿表达机制的同时，加强对公共支付方式及其有效性的监督。因而，当今世界各国都在试图利用因征税而形成的政府与社会成员之间的隐性契约关系促进国家治理能力的提高。

在实践中，政府与作为纳税人的社会成员及其代表之间的税收协商，要采用以下两种途径：一种途径被称为直接税收协商，即政府面临公众拒绝纳税的威胁而做出较为明确的让步；另一种途径被称为间接税收协商，主要指纳税人拒绝由回应性较差或负责程度较低的政府征税，进而影响政府运行的稳定性并迫使其进行改革或重组。理想的社会运行体系需要保持政府与社会之间关系的平衡。一方面，对于政府而言，税收是可以维护自身运行的一种关键资源。如果社会成员可以通过代议机关限制政府对收入的攫取，就可以避免面临专制和劫掠，保证自身拥有和行使现代社会公民的基本权利。另一方面，如果政府缺乏其他相对便利的收入来源而需要依赖税收弥补公共支出成本，就必须在政治上付出更多努力，至少通过代议机关与纳税人代表直接或间接地协商，而不是简单地对其课税。简言之，对税收的依赖为政府和社会成员提供了通过协商解决分歧的激励。

二、完善税收国家治理职能的政策选择

（一）促进税收制度及其执行的公平性

认为自身具有共同利益的众多社会成员能够与政府进行广泛的税收协商（而不是狭隘的个人收益）的前提是作为纳税人的社会成员行致力于集体行动的意愿、社会成员与政府之间存在最基本的信任以及实施集体行动的能力。社会成员对税收制度公平性及其执行的看法和认知在很大程度上影响着税收协商关系的建立和税收遵从水平的高低。

一方面，要想使税收遵从成为被社会成员普遍接受的道德规范，税制的公平性是社会运行体系中不可或缺的要素。如果社会成员质疑税收负担分配的公正性，就会导致其对政府信任程度的降低。相反，如果社会成员普遍认为税收负担的分配方案是公平的，对政府的信任程度就会增加。简言之，如果在既定的税收法律框架下，社会成员不能被公平地对

待，相互之间缺乏信任也不信任政府，有关税收的协商就很难建立。因此，改善税收法律制度及相关政策的公平性，从而使所有社会成员都公平地面临既定税收制度安排是完善国家治理体系和提高国家治理能力的重要措施。

另一方面，税收制度执行的统一性有助于保证预算收入的足额入库，降低纳税人的整体负担。相反，如果税制执行的公平性被破坏，税制执行中的不公平将使法定纳税义务转移至遵从的纳税人身上，影响纳税人对税制公平性的认知和税收遵从意愿。完善税务管理人员的激励补偿机制、降低税负、提高查处概率和加大处罚力度、完善社会税收道德规范有利于弱化税务管理人员的不良行为；简化税制、完善征管程序和监管机制、削减自由裁量权和去政治化有助于提高税收执行的公正性。

（二）增强税收的可观察性

现代国家在税收依据上强调政府与社会成员之间的互利关系。这种基于市场经济"权利与义务相统一"原则的税收依据观对于提高社会成员的国家意识和社会责任意识、推进国家治理的现代化具有重要理论价值。从这个意义上说，在社会成员和政府之间建立起有关税收的协商和对话机制不仅有助于社会成员税收遵从水平的提高，也可以促进政府回应性和责任感的形成。一方面，社会成员必须通过既定的意愿表达机制显示其对公共产品和服务的需求与偏好，并通过财政上的贡献弥补这些产品和服务的成本；另一方面，政府也必须在税收、公共支出以及公共目标的实现之间建立起明确的联系，以期在更大程度上获得社会成员的支持。

为提高国家治理的有效性，社会成员必须了解税收制度及其征管体系并清楚自己正在缴纳的税收，政府则必须提高税收的可观察性。原因在于，公众的税收意识和税收的可观察性是政府与社会成员之间信任关系得以建立的基本要求。缺乏上述要素的税收体系往往充斥着多种难以化解的矛盾。为减少税收改革面临的阻力并维持较高的税收遵从水平，至少需要在一定程度上使社会成员相信，通过纳税做出的财政贡献将使自身获得某些回报。提高税收的可观察性有助于促进社会成员参与税收和公共支出的讨论，进而改善税收遵从，为公共部门带来显著的潜在收益。提高税制结构中直接税的比重是改善税收可观察性的一种手段，但完全取消间接税在实践中是不现实的，因此强化间接税的可观察性和社会成员的税收意识非常重要。对增值税、消费税和关税等间接税在商品和劳务的零售环节采用价税分离的标识方式有助于使社会成员在购买商品和劳务时明确自身承担的税负，也是提高税收可观察性的可行办法。

此外，特定目的税将支出限定于特定任务，强化了税收与公共支出之间的联系，有助于使纳税人了解税收的支出方式和完善对支出的监督，因而具有更为明显的可观察性。尽管特定目的税在一定程度上减少了财政收支的灵活性，但仍可以稳定地为预算中需要考虑的财政支出筹资。更为重要的是，从国家治理的角度来看，占总预算适当比例且透明度较高的特定目的税是政府与社会成员建立信任关系、实现既定收入和支出目标、改善财政监督和鼓励公众参与的有效策略。

（三）提高政府支出的效率和透明度

政府通常将取得税收收入和改善公共支出作为两个不同的目标，但从国家治理的角度来看，这两个目标本质上是相互联系的，提高财政支出的效率将有助于税收遵从的实现。要想提高税收遵从水平，政府不仅需要通过公共支出为社会成员提供相应的回报，而且还要保证公共支出的效率。此外，政府支出透明度的提高有助于使社会成员更好地了解政府的收支行为并实施更为有效的监督，从而降低治理成本，改善治理能力。在现代社会中，公共部门的运行与决策过程是否透明在很大程度上左右着社会成员对国家的看法；相反，如果政府的行为基于公开的法律而不是特定官员的个人意愿等非正式规则，就更易于使社会成员形成对社会运行体系的认同。

除直接支出外，税收优惠作为政府以减少税收收入形式间接进行的财政支出（即税式支出）在现代国家治理中受到社会成员越来越多的关注。从国家治理的角度来看，简化税收优惠措施并对受益主体以及政府放弃的收入进行追踪，定期评价税收优惠措施的成本与收益并对各项激励计划制定落实条款，是提高税式支出有效性的必要举措。

（四）拓宽和完善直接税

作为现代税收的重要支柱，自愿遵从和自主申报对于直接税的征纳和管理而言，意义更为明显。从国家治理角度来看，完善直接税的设计与实施对于改善税制的公平性和可观察性，提高社会成员的税收意识，增加社会成员之间以及社会成员与政府之间的信任具有重要意义。因此，直接税在税收结构中比重的提高将激励政府推进税收协商，从而在促进公众参与和税收遵从、改善政府的回应性和负责程度等方面取得更多潜在收益。

税收管理是税收政策的有机组成部分。个人所得税的征管要求税务部门能够准确掌握纳税人的经济活动和收入状况，以便确定其纳税义务。个人所得税的完善也应从两方面入手：一方面，互联网平台和信息技术的发展促使完善税收征管信息系统，建立自然人税收征管体系，推动涉税信息在税务与相关部门之间的分享，从而为改进以个人申报为基础的个人所得税征管提供了必要保障；另一方面，如果能够通过对非正式经济部门课税扩大所得税的税基，则不仅会使正式部门纳税人的税收遵从意愿增加，还将促进非正式经济部门中的经济活动主体通过协会的集体行动为政府与社会成员之间的良性互动搭建良好的平台，使税收在国家治理层面得到更多潜在受益。

与商品税和所得税不同，财产税因税基的流动性较差可由地方政府有效征收，因而财产税通常被推荐为完善地方税的手段。尽管人们普遍认为财产税是地方财政的理想收入来源，但财产税可以使纳税人与政府进行对话和协商并促使财政契约达成的事实却往往被忽视。财产税涉及的纳税人源相对较多且具有显著的可观察性，有利于促进公众在国家治理中的参与。此外，由于财产税适用于特定的辖区，因而更易于与地方公共支出尤其是公共基础设施相联系。这种收入与支出的紧密联系有助于通过鼓励公众参与和政府履行承诺使二者建立起信任关系。

(五) 强化财政分权和地方税

财政分权是近年来在全球范围内讨论的热点问题，也是连接税收遵从、政府回应性和负责程度的纽带。财政分权对国家治理能力的积极影响表现为分散化的收入取得和支出预算将改善中央以下各级政府的负责程度，因为辖区居民对自身能够从对地方政府的财政贡献中获得的回报更感兴趣。如果在地方层面做出收入和支出决策并使其更具可观察性，分权就能使辖区居民支付的税收与回报之间的联系得以强化，并以税收为纽带促进辖区居民与地方政府间的协商。因此，尽管收入的绝对数量有限，但地方税的可观察性对于促进辖区居民税收遵从、提高地方政府回应性和负责程度的正向关联格外重要。

财政分权使地方居民对有关税收征收和公共支出的质疑和监督提供了新的平台，扩大了纳税人及其代表在地方治理中的参与度，提高了税收意识，对地方税收入的更多依赖则使政府绩效得以进一步提高。在分权化财政体制框架下，为避免因支出责任与地方财政收入间缺口较大而导致的遵从成本和效率损失，地方税体系的构建原则上至少须满足两个条件：一方面，为使地方政府能够在辖区治理中更为充分地权衡公共支出收益与成本之间的对比关系，保证地方政府对辖区居民需求的回应性和负责程度，源于辖区内的税收至少应大体上满足最富有的地方政府支出需要，其他相对贫困地区的横向财政失衡问题时通过均等化转移支付加以解决，因此，中央政府的转移支付规模应当是有限的。另一方面，中央与地方政府间事权和支出责任的合理划分是各级政府有效提供公共产品和服务的前提，也是构建地方税体系的基础。政府治理能力和绩效的改善要求中央与地方政府之间建立起相对稳定而明确的权责分工和协同治理机制，以避免财政软约束问题并保证财政资金的使用效率。从国家治理的角度来看，至少应将地方税的税率控制权赋予地方政府，因为无论对于地方政府还是辖区居民而言，税率的确定性都有利于提高税负的可观察性和可预测性。

（六）鼓励社会成员对税收问题的参与

作为一种"政治合法化实践"，现代税收制度反映了不同社会群体在特定历史和国家治理能力背景下因复杂的相互作用而形成的利益分配关系。一个国家要想拥有能够满足社会成员公共支出需要且遵从意愿较高的税制，就必须建立运行良好的意愿表达和公共决策机制，从而使社会成员的偏好转变为政策决定成为可能。如果政府和社会成员能够就征什么税、征多少以及如何征收达成一致，税收的可观察性和收入的可预测性就会显著提高，税收的经济成本和政治成本也会相应下降。此外，如果更清楚潜在的纳税义务且不会受到税务管理人员随意课征的烦扰，纳税人就会在从事经济投资时更有安全感，政府部门也更易于有效地实施长期的财政计划。为此，许多国家赋予社会成员广泛的公共决策参与权。凭借这些参与权，作为公民的社会成员可以通过代议机关确定和监督税收的用途，从而使现代国家中具有广泛公民权利和义务的社会成员与政府之间建立起一种相对稳定的契约关系。

第二节 国家治理与税收确立方式

一、税收确立方式的种类

税收的确立方式即国家与社会成员双方之间税收征纳关系的构建方式。从历史上看，税收的确立方式大体上可以分为自由贡献、请求援助、专制课征和立宪协赞等四种。

所谓"自由贡献"，即社会成员自愿向国家贡献财物。至于贡献与否、贡献何物、贡献的数量和时间等，都较为随意。中国的夏代曾采用过自由贡献的方式取得财政收入。

"请求援助"是指社会成员在国家提出请求时给予帮助。中国商代出现的"助"实际上也属于这种方式。尽管由于缺乏必要的强制性和确定性，通过"自由贡献"和"请求援助"取得的收入与严格意义上的税收存在着或多或少的距离，但仍为税收确立方式的发展和完善奠定了基础。

"专制课征"是指国家凭借其至高无上的权力强制征税，无须取得社会成员或民间组织的同意。一般认为，春秋时鲁国于公元前594年实行"履亩征收制"（又称"初税亩"），开始承认私有土地合法化，标志着中国税收走向成熟形态

"立宪协赞"即国家征税须经代议机关同意。以立宪协赞的方式确定国家与社会成员间的税收关系显然是对君主权力的一种约束和限制。时至今日,政府征税须经代议机关同意的"非赞同毋纳税"原则已被多数国家接受并在实践中普遍应用,成为现代国家治理中的重要准则。

二、税收确立方式的影响因素

(一) 对税收依据的认识

作为税收伦理与纳税遵从的基石,税收依据考察国家为什么有权力向社会成员征税和社会成员为什么有义务向国家纳税的问题。对税收依据的认识在很大程度上决定了税收的确立方式。在中国古代,纳税是天经地义的事情,臣民既不会质疑国家征税的合理性,也不会质询自己会因纳税而享有哪些权利。作为专制课征的理论依据,"王土王臣说"在很大程度上影响税收的确立方式,包括税收征免、税项立废、税额增减等决策均由君主决定。

(二) 对传统文化的路径依赖

中国历来有将国家的建立表述为"家国同构"或"家国一体"的传统,认为国家是按照家庭的模式构建的。"国家是家庭的扩大"这种文化传统将国与家、忠与孝紧密地联系起来,把子女对家长的顺从延展至臣民对君主的服从,经过几千年的演进,形成了完整的理论体系,深刻地影响着社会成员的思想和行为。对传统文化的路径依赖导致了中国古代的税收有变化而无变革——尽管王朝更替周而复始,国家治理结构和税收确立方式却并未发生实质性的改变。

三、税收确立方式对国家治理的影响

国家治理通常被定义为"提高政府管理、财政汲取和制度构建能力,通过与社会的建设性互动,更为有效地实现公共目标的过程"。作为国家—社会关系角逐的核心竞技场,税收的课征在很大程度上制约着各国实现自身目标的能力——如果不能有效取得收入,国家提供安全、满足基本公共支出需要和促进经济发展的能力就会受到限制。税收反映了特定历史条件和国家管理能力的背景下,政府对社会资源在公共部门和私人部门之间进行配置的过程中,具有不同利益诉求的政府部门、社会成员以及其他社会组织之间复杂的博弈结果。当政府部门、社会成员和社会组织等多元主体基于现代国家治理框架下的正式或非正式制度，通过协商共同解决社会问题时，税收也超越了经济范畴，在为社会成员提供更多参与公共决策的机会、提高其国家意识和社会责任意识、改善政府对社会成员需求的回应性和负责程度等方面发挥着不可忽视的作用。从这个意义上说，征税在政治方面的重要性甚至超过了收入的取得本身。在现代社会，立宪协赞的税收确立方式对国家治理的影响主要体现在两个方面：一是基于税收要素的协商达成相对稳定的社会契约，二是通过政府与社会成员的有效互动促进社会成员意愿表达机制的完善，进而提高公共部门的负责程度和财政资金使用效率，推进国家治理的负责性、透明性和有效性。从历史上看，第一个方面的进展促进了代议制民主的形成；第二个方面的进展则使国家治理能力得以强化和提高。两方面都促进了国家的法治化和政府行为的负责程度。

理想的社会运行体系需要保持公共部门与私人部门之间关系的平衡。越来越多的研究者将税收视为一种交易——政府提供公共产品，社会成员因收益而须通过纳税而负担成本。政府与社会成员之间税收关系的确立不可避免地涉及交易费用的产生。所谓交易费用，即通过协商达成财政契约的成本。在政府与社会成员税收关系的构建过程中，征纳双方通常会围绕税基范围和税负水平等问题进行协商并形成交易。一般而言，政府的税收协商能力取决于其拥有的资源规模——政府能够控制的经济和政治资源越多，其税收协商能力就越强，反之则越弱。

在全球化不断推进的现代社会，政府面临的竞争约束使其难以通过无限扩大社会资源控制权的方式提高自身在建立税收征纳关系中的协商能力。当财政支出压力较大且缺乏其他相对便利的财政收入来源时，更为可行的策略是在政府和私有财产所有者之间构建起某种社会契约——前者通过提供公共产品和公共服务使后者受益，并以税收的形式从后者手中取得收入作为成本补偿。交易费用约束包括税收征纳关系的构建费用和维护费用。前者指的是政府与纳税人税收征纳关系构建过程中发生的交易费用，后者则包括税基的测量成本和识别纳税人行为的信息费用。对于纳税人而言，政府税收收入的增加意味着自身可支配收入或财产的减少，因此自愿遵从是非常稀缺的行为。当征税对象的可流动性较差时，税收的交易费用也相对较低，因为政府可以相对测量和监督纳税人潜在税收的信息费用较少。相反，当征税对象具有较强的流动性时，纳税人在建立税收征纳关系中的协商能力更强，政府识别纳税人行为的信息费用也相对较高。如果纳税人的合作意愿缺乏，财政收入的取得就十分困难。面对交易费用约束，政府通常采用两种方式予以应对。一是建立征管效率更高的税务机构，从而降低税收征纳关系的维护费用；二是在税收政策与制度的形成和改革过程中听取更多纳税人的声音和诉求，以减少阻力——国家对税收的依赖为政府和社会成员提供了一种通过协商解决分歧的激励。需要指出的是，除非负有纳税义务的社会成员或组织的数量极为有限，否则政府不可能和每位潜在纳税人一一进行协商。实践表明，建立具有足够代表性和权威性的代议机关是在确立税收征纳关系中降低交易费用的有效机制。

很多国家都十分注重建立完善的意愿表达机制，通过赋予社会成员广泛的公共决策参与权，使其偏好更为顺畅地转变为政策决定，进而提高整个社会的税收道德和遵从水平。尽管与专制课征相比，推进税收征纳主体之间的互动涉及政府行为方式的转变，但从国家治理的角度看，取得税收收入的压力会使政府更加重视社会成员的需求并在公共事务的执行中提高回应性和负责程度。从这个意义上说，作为社会契约中不可或缺的组成部分，税收是支撑国家及其公共部门持续运行的重要保障。事实上，当今世界，无论是哪个国家，都在试图利用围绕税收征纳关系形成的政府与社会成员之间的社会契约提高社会成员的国家意识、法治意识和社会责任意识，促进国家治理能力和治理水平的提高。

第三节 国家治理与政府间税收划分

一、传统分税理论对中国实践的不适用性

传统分税理论指出，财政职能在各级政府间的分配对于税收的划分具有重要意义，政府间税收划分应以各级政府财政职能的明确界定为前提。作为执行公共事务的成本，各级政府的税收都应反映公共产品和公共服务的收益，以避免因税收的随意划分而导致公共收支缺口。从公共产品和公共服务的空间受益归宿视角来看，收入分配和稳定宏观经济职能适合赋予中央政府，资源配置职能则适合由中央和地方政府共同承担。与之相对应，有利于宏观经济稳定、具有累进性和再分配作用的税种以及税基在各地分布严重不均的税种应由中央政府课征；地方政府适合对地区流动性较差的税基课税并保持周期稳定性；受益税和使用者收费适用于所有级次的政府。传统分税理论的贡献在于厘清了多级政府财政职能与分税原则之间的逻辑关系并以财政职能在各级政府间的划分为基础，将属性存在差异的税种对中央和地方政府的适用性加以考察。尽管由此得出的结论一直作为多级政府间税收划分的基本规律被广为接受，但其局限性同样不应被忽视。

一方面，传统分税理论对政府间税收划分的考虑完全基于经济视角，假设各级政府在决定公共产品的供给水平时具有维护公共利益和社会福利的自觉性，始终以社会成员福利的最大化为目标。这种将福利经济学方法应用于财政学规范的基本思路是在既定约束条件

下选择实现社会福利最大化目标的最优方案。尽管福利经济学分析方法所具有的独特魅力使其在研究中被广泛应用，但从政策形成的角度来看，福利经济学方法关注的是如何按照理论上的规范分析得到理想的结论，在大多数情况下并不考虑现实中的公共决策程序对潜在制度方案选择的影响。该方法将社会福利函数视为个人偏好的总和，将政策和制度看作是由某一慈善的外部决策者以社会福利函数最大化为目标做出的决定。显然，在现代国家所体现的治理主体多元化背景下，该方法对解释公共政策的制定和完善而言，作用是极为有限的。实际上，政府间税收划分不仅仅是一种优化公共资源配置的有效途径，也是一个在众多国家治理主体之间进行利益分配的动态过程。相应地，现代国家治理不仅需要按照社会福利标准考察政府间税收划分的原则与效应，也要分析现代社会中的各级政府、社会组织和社会成员通过各种身份参与公共决策的方式、决策程序的选择以及在决策过程中因各方利益博弈而导致决策结果偏离社会福利最大化目标的作用机制。

另一方面，传统分税理论隐含着中央政府的政策目标优于地方政府的假设，即地方政府征税时不能违背中央政府的既定政策偏好。然而，在现代国家的治理体系中，地方政府和辖区居民都会不可避免地参与公共事务的决策过程并有机会表达自身的偏好和意愿。

二、完善中国政府间税收划分的思路

现代国家治理体系的构建和完善基于现代价值原则指导下政府、市场、社会关系的动态平衡和政府间职责权限的合理分工。从中央到地方各个层级、从政府部门到社会组织和社会成员，国家治理体系从传统到现代的转型是多重力量和逻辑合成共同作用形成的综合结果。其中，政府角色及其管理方式的转型是现代国家治理体系建构的核心问题，也是国家治理体系从传统向现代转型的重要标志。作为国家治理的基础和重要支柱，财政不仅涉及政府与市场、社会的互动关系，也涵盖着政府内部多元治理主体之间的职责权限分工。在多级政府框架下，基于厘定各级政府财政事权和支出责任完善政府间税收划分，是充分发挥各级政府尤其是地方政府在国家治理中作用的重要前提。

与传统财政分权理论中地方政府以辖区居民福利水平最大化为目标提供公共产品和公共服务的假设不同，现实中的政府官员是具有特定目标函数，并在既有法律制度框架和选举程序约束下追求自身利益最大化的公共事务代理人。现代国家治理体系的演进和完善，在很大程度上是各级政府部门和社会力量共同参与博弈的多元互动结果，而不仅仅是某种特定规划或人为设定的产物。因此，现代国家治理体系中的政府间税收划分必须考虑各级政府的利益诉求，充分发挥中央政府与地方政府各自在国家治理中的优势，使之更好地服务于政府间财政关系的理顺，形成具有一定自我调整能力、财力与事权相匹配的动态多级财政体制。

(一) 明确地方税和政府间转移支付之间的关系

明确地方税和政府间转移支付之间的关系是完善中国政府间税收划分的前提。完善的地方税体系和稳定的地方自有财力是提高地方政府负责程度和完善地方治理的基础。

从完善现代国家治理体系和提高治理能力的角度来看，来自上级政府的拨款规模应当是有限的，辖区内税收至少应为最富有的地方政府提供大体上能够满足其支出需要的财政资金，以保证这些政府能够在地方治理过程中充分考虑公共服务成本与收益之间的对比关系并为自身的行为结果负责。合理的政府间税收划分和完善的地方税体系是保证转移支付有效性的重要前提。在明确地方税和政府间转移支付之间关系的基础上，中国政府间税收划分应按照国家治理现代化的要求逐步推进。

(二) 税收划分与支出职责相匹配

政府治理能力和绩效的改善要求在各级政府之间尤其是中央政府与地方政府之间建立一种合理的职责、权限分工和协同治理机制。作为现代财政制度的重要内容，明确中央与地方财政事权和支出责任不仅是各级政府有效提供公共产品和公共服务的前提和保障，也是推进国家治理体系和治理能力现代化的客观需要。相应地，完善中央与地方税收划分是进一步理顺政府间财政分配关系、形成财力与事权相匹配的多级财政体制的关键步骤。可见，合理规范的政府间税收划分方式取决于中央与地方政府支出责任的划分，即"政府间税收划分应当与支出职责相匹配"。如果地方政府的支出责任较少（例如，仅负责提供辖区内的社会治安、市政交通和垃圾清运等极为有限的事务），那么除使用者收费以外，只需向辖区居民征收税率较低的不动产税就可以为地方政府筹集具有一定规模且在一定时期内可持续的财政收入。与之相适应，传统分税理论提出了相对集权化的税收体系。相反，如果地方政府需要承担的公共服务为数众多且成本较高（如基础教育、养老、医疗和公共卫生等），那么按照传统分税原则划分税收就很难满足地方政府的支出需要。

(三) 用税率分享制替代收入分成制是提高地方治理能力和公共资金使用效

为使地方政府在提供辖区公共产品和公共服务中的潜在优势得以发挥，推进国家治理体系和治理能力的现代化，有必要在明确界定各级政府财政事权和支出责任的前提下，提高财政透明度和地方税收的可预期性。从这个意义上看，理想的地方政府税收应保持一定的规模并具有较为明显的可观察性，进而使地方公共事务的决策者和辖区居民都可以形成相对稳定的税负预期。

现行税制中收入规模较大的增值税、企业所得税和消费税等都可以按照税率分享的模式在中央和地方政府间划分。在税率分享模式中，特定税种的税基以及中央税率由全国人大统一规定，各地方在全国人大规定的税率范围内，根据辖区自身情况选择地方税率。在此基础上，中央和地方政府分别按照各自的税率征税且各级政府的税率不得随意调整或变更。相对于既有的增值税和消费税返还、所得税基数返还以及成品油价格和税费改革税收返还等税收返还和中央与地方共享税收入分成办法而言，税率分享制在现代国家治理中的优势更为明显。

首先，尽管税收返还和中央与地方共享税收入分成办法均可以使地方政府取得一定规模的财政资金，但地方政府在这种分税框架下对税收的某些关键要素不具有实质上的控制权，因而税收返还和中央与地方共享税实际上都属于政府间转移支付的范畴而不是一种界限清晰的分税方法。相比之下，税率分享模式在充分保证中央主导地位和收入控制的基础上，使地方政府对辖区被赋予的税收要素更为明确，有利于激励地方政府提高财政努力，减轻对上级政府拨款和非税收入的依赖，控制地方债务的规模。其次，从本质上看，税收返还和共享税收入分成仍是计划经济时代"总额分成财政体制"和"基数法"的延续，而税率分享模式则通过使地方与中央平等地参与大型税基的课税，提高了地方政府财政收入的稳定性和可预见性，有助于推动地方政府在公共决策中充分考虑成本收益之间的对比关系，保证其为辖区居民提供公共产品和公共服务的负责程度和财政资金使用的有效性。最后，从地方居民的角度来看，税率分享模式有助于使辖区居民更明确地感受地方公共产品和公共服务成本与收益之间的联系，通过对政府收支行为和预算活动实施更为有效的监督，提高其社会责任意识和税收遵从水平，增强社会成员对税收制度和政府间财政关系整体安排的认同感，使政府和社会成员之间形成良性互动关系，从而改善国家治理的透明性、负责性和有效性。

第四节　基于国家治理思考的税收与居民消费

一、制约居民消费的主要因素

居民消费占 GDP 的比重和居民储蓄率两项因素的共同影响。

（一）居民收入占 GDP 的比重

近年来，在居民收入占 GDP 比重下降的同时，其他一些相关指标也表现出类似特征。例如，劳动者报酬在初次分配中占比逐步下降；与政府收入的增速相比，居民收入增长相对缓慢；城乡居民收入差距呈现出扩大趋势。

初次分配中劳动报酬占比持续下降、政府收入增速高于人均 GDP 和居民收入增速、城乡之间的居民收入差距逐步扩大是导致居民收入占比下降的主要原因。具体而言，在财政分权体制下，面临经济增长和取得财政收入的双重压力，地方政府倾向于将更多资源投资于基础设施建设，导致资本进一步深化和劳动收入占比下降。同时，税收收入的"超速增长"不仅挤压了劳动收入份额，而且直接抑制了居民消费。

（二）居民消费占收入的比重

在由计划经济向市场经济转轨的过程中，中国不仅呈现出居民消费倾向下降的趋势，也出现了消费购买力外流的现象。前者在一定程度上反映了居民收入在消费和储蓄间的配置关系。中国居民对住房、教育、医疗、养老等问题的考虑与储蓄存在相关性。房价上涨是推高储蓄率的重要因素之一——房价持续上涨时，居民为购房而储蓄，为偿还住房借贷而储蓄，从而推高了储蓄率。高等教育支出对居民消费具有明显的挤出效应，显著降低了有大学生家庭的居民边际消费倾向。医疗支出的不确定性显著增强了城乡居民尤其是农村居民的预防性储蓄动机，且呈不断上升趋势。养老金财富与家庭储蓄之间存在显著的替代效应，户主的储蓄率受养老金财富的影响更为显著。

二、税收促进居民消费的作用机制及其约束条件

（一）税收通过为公共服务筹资促进居民消费

作为一种强制征收，税收将一部分社会资源由私人部门转移到公共部门，用以提供公共产品和公共服务，满足公共需要。一方面，尽管税收的缴纳和公共产品的提供体现了政府与社会成员的互利关系，但税收的课征仍使居民的可支配收入减少。因而，总体上降低税负水平将有利于居民消费水平的提高。另一方面，税收为社会安全网的构建提供了资金来源。如果政府课征的税收使教育、医疗、养老等具有准公共产品性质的公共服务具有相对充分的资金来源，就可以在一定程度上弱化居民的预防性储蓄动机，提高当期消费。此外，为解决信息不对称问题，对与居民健康密切相关的产品实施质量监控也是政府责无旁

贷的职能。由公共部门对食品和药品的生产和销售进行有效监管，避免市场中经济活动主体行为出现"劣币驱逐良币"现象，是减少消费外流的必要举措。

在通过税收为公共支出筹资的情况下，能否合理界定政府职能范围和公共支出界限并保证财政资金的使用效率，是促进居民消费的重要制约因素。如果政府职能范围和公共支出规模与公共需要相吻合，实际税收水平就更有可能接近理想的税收水平；相反，如果政府的职能超越了执行公共事务和满足公共需要的必要界限，介入了市场能够有效配置资源的范围和领域，就会使实际税收水平高于理想的税收水平，从而抑制居民消费。此外，财政资金的使用效率也是制约税收水平的重要因素。如果政府部门为履行职能而耗费的成本和费用较低，税收水平就会相对较低；相反，如果财政资金使用效率低下，所需的税收规模更大，势必导致居民税后可支配收入的减少，降低居民消费水平。

（二）税收通过调节居民收入差距提高平均消费倾向

税收除了在整体上减少居民的可支配收入外，还会影响居民之间的相对收入，从而使居民之间的收入差距发生变化。居民收入分配差距的扩大意味着更多收入被少数居民掌握，在边际消费倾向递减规律的作用下，制约整个社会的消费水平的提高。如果高收入居民能够负担比例更高的税收进而缩小居民收入差距，则将有助于居民整体消费水平的提高。

值得注意的是，个人所得税的税率水平将在一定程度上影响资本投资地点的选择。在经济全球化的背景下，金融工具的多样化和对资本控制的削弱使个人或企业在居住国之外投资变得更加便利。对高收入居民征收过高的个人所得税可能导致资本外流，因此各国在面临国际税收竞争的情况下，通常对提高个人所得税的最高边际税率更为谨慎。此外，对于发展中国家而言，传统农业部门以及游离于正式税收制度之外的非正式经济的存在以及相对有限的征管水平限制了其潜在税基的范围。

（三）税收通过改变商品和劳务的相对价格影响居民消费

税收的课征会提高应税商品或劳务的相对价格，进而对居民消费支出结构产生影响。一般而言，税收对居民消费的影响在很大程度上取决于商品或劳务的需求价格弹性。居民对商品或劳务的需求价格弹性越大，意味着居民消费行为对商品或劳务价格的变化越敏感，因征税而引起的价格变化对居民消费行为的影响就越显著。

在政府预期税收收入目标既定的前提下，对应税商品和劳务的选择涉及对公平和效率两方面的影响。从边际分析的角度来看，要想使税收超额负担的总量最小，则应使课征在各商品或劳务上的最后一单位税收的边际超额负担相同。为使超额负担最小化，应当对需求弹性大的商品和劳务按照较低的税率征税，对需求弹性小的商品和劳务则应按较高的税率课征，即税率的高低与需求弹性的大小成反比。这一规律后来也被称为"逆弹性法则"。显然，这一结论完全是从效率角度考虑的。如果从公平的层面来看，需求弹性大的通常为奢侈品，在高收入居民的支出中所占比重更多。如果以较低的税率课征，则将加剧税制的累退性。需求弹性小的多为必需品，在低收入居民支出中占比更大。如果以较高的税率课征，则会进一步减少低收入居民的可支配收入，增加其生活负担。

三、进一步扩大居民消费的税收政策选择

（一）提高财政透明度和财政资金使用效率，为减税降费预留空间

财政透明要求在最大程度上向社会成员公开政府构架及其各部门职能、财政政策的意图、公共部门账目和计划等政府活动信息，使社会成员和金融市场能够依据这些及时可靠、通俗易懂、综合全面且可供国际比较的信息，更为准确地评价政府的收支状况及其财政活动的成本和收益，考察并分析这些活动当前以及潜在的经济和社会影响，以提高财政资金的使用效率，改善国家治理能力。在税收立法环节，有关政府财政状况和财政风险信息的披露可以使社会成员更为清楚地了解他们为购买公共产品和公共服务而负担的成本与从这些产品和服务中获得的收益之间的关系，从而对某项税收改革方案的合理性做出更为准确的评估。某项税收议案在正式生效之前，通常需要在行政部门和以代议机关为代表的社会成员之间进行反复辩论、修改和协商。财政透明使社会成员在辩论、修改和协商的过程中能够及时获得相关财政信息，从而确保最终通过的议案在最大限度上实现预期的税收目标。在预算环节，财政透明要求在预算制定、执行和审计过程中公开预算程序的同时保证数据的真实性，通过规范预算本身和提高财政信息质量，确保社会成员对公共服务的种类、数量以及合意性进行充分监督。

（二）调节收入分配差距，降低低收入居民税收负担

与商品税相比，所得税具有更显著的可观察性，因此有关税收分配效应的讨论更多集中于个人所得税。然而，税收的收入分配效应实际上是所有税收共同作用的结果，尤其是在个人所得税收入规模及其在税收结构中占比都相对有限的情况下，很难在收入分配方面发挥预期的作用。要想使税收在收入分配中发挥更大的作用，对所有类别的所得采用累进税率综合课税无疑是未来个人所得税的改革方向。这一方面需要降低非正式经济的比重以

扩大税基范围；另一方面，还要将更多资源用于税收管理，通过加强涉税信息的收集和处理促进纳税人的申报与遵从。降低劳动所得的边际税率有助于缓解劳动报酬在国民收入中所占比重的下降趋势；将指数化机制用于费用扣除标准的调整，可以在一定程度上避免物价水平波动对居民生存条件的影响和对消费产生的抑制作用。

　　相对于个人所得税而言，在税收结构中占比更高的商品税可能在收入分配中发挥更为重要的作用，因此优化商品税的设计十分必要。商品税的税基比个人所得税宽泛得多。在边际消费倾向递减的情况下，商品税的收入分配作用主要体现在两个方面：一是对富人消费支出中占比更高的商品课税或适用较高税率；二是对低收入居民消费支出中占比更大的基本生活必需品适用低税率。未来的增值税改革可以考虑在进一步降低增值税税率水平的同时，整合税率结构，对基本食物、低档服装、普通药品、婴幼儿用品等日常生活必需品适用更低的税率，以减轻税收对低收入居民可支配收入的影响。调整消费税的税基，将部分奢侈品和服务纳入消费税征收范围，同时排除一些随着生活水平提高逐步进入普通家庭的大众消费品，为居民消费升级减轻税收负担。

第四章 税收征管模式运行的保障

第一节 税收管理员制度及完善

一、税收管理员的基本概念及其内涵

税收管理员是基层税务机关及其税源管理部门负责分片、分类管理税源，负有管户责任的工作人员。税收管理员制度的具体含义包括以下几方面。

①从岗位性质看，是基层税务机关的外勤人员，且具有税务执法资格，不是基层税务机关的全体人员。

②从管理对象看，是依法具有纳税义务和扣缴义务的单位和个人。

③从担负的主要职责看，除以税源管理为主外，还负责税收政策宣传辅导、纳税申报管理、纳税评估、户籍分类管理、收入分析与预测、纳税服务、日常检查、资料管理及其他管理工作。因此，税收管理员具有"税收宣传员、信息采集员、纳税辅导员、纳税评估员、税收监督员"五员角色。

④从管理方式看，是管户与管事相结合，管理与服务相结合，属地管理与分类管理相结合。且不直接从事税款征收（在交通不便的地区、农村偏远的地区和集贸市场除外）、税务稽查、审批减免缓抵退税和违章处罚等事宜。

二、税收管理员制度与专管员制度的共同之处及特点

税收管理员制度不是对传统征管模式下的专管员制度的恢复或翻版，更不是传统意义上的专管员制度的延续或简单的"回归"，不是"穿新鞋、走老路"，而是对现行征管模式的巩固和完善，是在分权制约进而分事项管理基础上建立的一种专业管理方式。

（一）二者共同之处

一是管理对象相同。均为按照国家有关规定负有纳税义务或负有扣缴税款义务，以及

税务机关依法委托代征税款的单位或个人。

二是执法依据相同。均为国家税收法律、法规、规章、制度，以及与税收有关的其他法律、法规、规章、制度。

三是服务宗旨相同。均以聚财为国、执法为民为宗旨，坚持依法、无偿、公平、公正的原则，促进纳税遵从，提高税收征管质量和效率，保护纳税人合法权益。

(二) 税收管理员制度的优点

税收管理员制度是国家税务总局首次在制度上明确税收管理员的具体工作职责。为各地税务机关规范税收管理员管户责任和执法行为提供了依据。新的税收管理员制度是对传统的税收专管员制度的扬弃，体现了"革除弊端、发挥优势、明确职责、提高水平"的原则和"科学化、精细化"的管理要求。税收管理员制度的优点如下。

1. 借鉴税收专管员的管户责任，调动了税务人员税源管理的积极性和能动性

税务专管制度之所以能够长期发挥积极的作用，在很大程度上是因为它调动了税务管理人员的工作能动性和责任感。建立和完善税收管理员管户制度，使税收管理人员的责任与纳税人一一对应，推动税收管理员对税源的积极管理，有利于全面深入掌握纳税人的户籍管理、生产经营、财务核算、税款缴纳、发票管理等情况以及其他各类涉税信息，加强对所辖区域的税源动态情况的分析监控，并对纳税人实施纳税评估，实行科学化、精细化管理，对于解决"淡化责任、疏于管理"，开展纳税评估，强化税源管理将起到十分重要的作用。

2. 吸取集中征收的教训，实现"管事"与"管户"相结合，强化对税源的管理

管事离不开管户，不然就没有针对性；管户就要从具体事务入手，不然就失去了工作内容。税收管理员制度把管户与管事有效结合起来，一方面，税收管理员按照规定与纳税人保持制度化的联系，提供专业的纳税服务和指导，帮助纳税人及时准确申报纳税，保证税务管理工作的高效率。另一方面，通过税收管理员的实地调查报告，税务机关能够掌握税源户籍、财务核算、资金周转和流转额等关键的涉税信息，从而提供针对性的、有效的税收管理，通过逐户管理实现加强税源管理的目的。

三、建立税收管理员制度的原则

建立税收管理员制度，应遵循管户与管事相结合、管理与服务相结合、属地管理与分类管理相结合的原则，做到权力分离、职能分解、相互监督、相互制约、相互配合。

（一）管户与管事相结合

管户和管事是统一的整体。所谓管户就是按户管理涉税事务。管户内容在于管事，必然从管事入手，不然管户就失去具体内容。所谓管事就是按照管理的业务规程，对每一户具体纳税事项进行有效控管。管事离不开管户，不然就没有针对性。

加强税源管理必须通过管户来加以实现。同时，在管户过程中要运用信息化手段，把管事过程中采集的信息按户归集，纵横比对分析，从而达到监控税基、税源和税负，提高税收管理水平的目的。

（二）管理与服务相结合

税收管理员履行税源管理职责的过程，也是优化纳税服务的过程，管理员在税源管理中担任好"税收宣传员、信息采集员、纳税辅导员、纳税评估员、税收监督员"五员角色，寓管理于服务之中。

（三）属地与分类管理相结合

按照经济税源分布情况，因地制宜地划分管理范围，确定管理人员，落实管户责任。在此基础上，根据税源管理需要和纳税人实际情况，建立重点税源"驻企管理"，非重点税源"划片管理"，集贸市场"专业管理"，非重点税源、零散税源和农村税收"委托代征管理""巡回管理"的分类管理格局。

四、税收管理员工作职责

一是税收管理员在基层税务机关及其税源管理部门的管理下，贯彻落实税收法律、法规和各项税收政策，按照管户责任，依法对分管的纳税人、扣缴义务人（以下简称纳税人）申报缴纳税款的行为及其相关事项实施直接监管和服务。

二是税收管理员原则上不直接从事税款征收、税务稽查、审批减免缓税抵退税和违章处罚等项工作。特殊情况，如交通不便的地区和集贸市场的零散税收，税收管理员也可直接征收。

那么，税收管理员具体应该管什么呢？可以概括为纳税服务、税务登记管理、账簿凭证管理、发票管理、申报征收管理、纳税评估、欠税管理、涉税事项调查和审核、纳税资料的管理九大类，如下。

纳税服务。这主要包括宣传贯彻税收法律、法规和各项税收政策，开展纳税服务，为纳税人提供税法咨询和办税辅导；纳税信誉等级的初步评定等内容。

税务登记管理。这主要包括调查核实分管纳税人税务登记事项的真实性；掌握纳税人合并、分立、破产等信息；了解纳税人外出经营、注销、停业等情况；掌握纳税人户籍变化的其他情况等内容。

账簿凭证管理。这主要包括督促纳税人按照国家有关规定建立健全财务会计制度、加强账簿凭证管理；了解掌握纳税人生产经营、财务核算的基本情况。

发票管理。这主要包括对纳税人使用发票的情况进行日常管理和检查，对各类异常发票进行实地核查；督促纳税人按照税务机关的要求安装、使用税控装置。

申报征收管理。这主要包括对分管纳税人进行税款催报。

纳税评估。这主要包括对分管纳税人开展纳税评估，综合运用各类信息资料和评估指标及其预警值查找异常，筛选重点评估分析对象；对纳税人纳税申报的真实性、准确性做出初步判断；根据评估分析发现的问题，约谈纳税人，进行实地调查；对纳税人违反税收管理规定行为提出处理建议。

欠税管理。这主要包括掌握纳税人的欠税情况和欠税纳税人的资产处理等情况。

涉税事项调查和审核。这主要包括调查核实纳税人纳税申报（包括减免缓抵退税申请，下同）事项和其他核定、认定事项的真实性。大致可以分为两大类：一类是依申请的调查和审核，如税务开业登记、减免缓抵退税申请、延期申报、延期缴纳税款、申报方式的确定等；另一类是管理工作的内容，如征收方式的认定、定额核定、纳税人担保资格的认定、发票资格认定等。

纳税资料的管理。按照纳税资料"一户式"存储的管理要求，及时采集纳税人生产经营、财务核算等相关信息，建立所管纳税人档案，对纳税人信息资料及时进行整理、更新和存储，实行信息共享。

五、税收管理员的管理与监督

（一）实行定期报告制度

基层税务机关及其税源管理部门要加强对税收管理员的日常管理与监督，定期召开会议，听取税收管理员的工作汇报，研究分析税源管理工作中存在的问题，总结"管户"工作经验，组织信息交流，加强对税收管理员日常工作的指导与检查。

（二）实行定期轮换制度

具体轮换的时限由主管税务机关根据实际情况确定。岗位轮换时应同时移交管户资料，并对移交前的税收执法行为承担责任。

（三）实行工作底稿制度

税收管理员要按照作业标准，依托税收管理员工作平台配套执行税收管理员工作底稿制度。各级税务机关要结合实际，建立税收管理员平台，通过管理员平台对税收管理员工作实施过程管理，做到"执法有记录、过程可监控、结果可核查、绩效可考核"，提高税收管理员工作的有序性和有效性。

（四）实行执法过错责任追究制度

税收管理员玩忽职守或徇私舞弊，构成违法违纪行为的，由税务机关按照国家税务总局的有关规定及其他法律、行政法规及规章的规定，依法给予行政处分；构成犯罪的，依法追究刑事责任。

六、税收管理员综合素质要求

（一）依法办事能力

能依照规定的权限办理；能依照规定的程序办理；能依照规定的文书办理。

（二）调查研究能力

通过税收管理员的实地调查报告，税务机关能够掌握税源户籍、财务核算、资金周转和流转额等关键的涉税信息。

（三）综合管理能力

三懂：懂财务会计制度、懂各类经济法律（包括税收法规）、懂相关处罚程序。
四会：会计算税款、会纳税评估、会操作电脑、会应用写作。
五掌握：掌握税收基础理论知识、掌握所辖税源变动情况、掌握纳税人的生产经营情况、掌握税收日常检查的一般方法、掌握现代科技基础知识。

七、税收管理员制度的完善思路

（一）建立税收管理员工作底稿制度

规范管理员的执法行为和操作程序，形成执法有记录、过程可监控、结果可核查、绩效可考核的良性循环，持续改进机制。

（二）在规范的基础上，积极引入税收管理员能级管理等激励机制

按照税收管理员的实际工作能力实行分类分级管理，以能定级，按级定岗，以岗定责，使得人尽其才。

（三）加强税务部门信息化

开发基于综合征管系统的税收管理员工作平台，通过信息技术辅助税收管理员开展工作，并对其工作实施过程管理。

信息化建设，不但包括统一的税收征管软件，还包括建立完善的内部信息交换机制，实现税务部门内部、上下级之间信息共享。同时积极完善国、地税之间信息共享，实现税务、工商、金融之间信息联网，实现信息共享，提高税源控管力度。

（四）建立完善的税务培训制度

加强培训，不断提高税收管理员的综合素质和能力，适应定期轮换的工作需要。现阶段，税收管理员不仅要完成税收征收管理的各项组织管理和协调配合工作，还承担着纳税评估等一些研究性和技术性较强的工作，这就对税收管理员的知识和技能提出了更高的要求。因此，加强有关业务知识培训，不断提高税收管理员队伍的业务素质和实际操作能力尤为重要。

一方面，制订征管业务培训计划。采取以会代训、一案一分析等形式，开展计算机知识、法律知识、财务会计、分行业税收政策等培训或开展岗位练兵活动，不断提高税收管理员的业务水平，增强其开展税源监控管理的业务技能。

另一方面，加强对税收管理员的教育引导，使他们转变观念，树立正确的权力观，增强税收管理员的工作素养及其管理意识和责任意识，促进税管员的税源管理水平和效率逐步提升。

第二节 税收执行力的评价及提升

理论界对执行力的研究最初是从企业执行力开始，后来逐步引入政府部门的管理中，提出了行政执行力的概念。税务部门作为政府机关，具有行政执行力的一般属性，但随着

纳税服务理念的确立，建设服务型税收已经成为客观必然，这决定了税收执行力又具有其特殊性。借鉴企业执行力，强化税收执行力，对于规范税收分配活动，建设和谐税收具有重要而深远的意义。

一、企业执行力、行政执行力和税收执行力

（一）战略与绩效背离的疑问——来自企业执行力的思考

在市场经济条件下，一些企业初始条件相似，并且采用了几乎相同的战略，但是最终结果却相去甚远，有的企业取得了成功，有的却失败了，原因何在？战略的正确并不能保证公司的成功，成功的公司一定是在战略方向和执行力两个方面都能做到位。在战略相同或相似的情况下，执行力的作用就显得更为关键。优秀的企业执行能力不仅可以保证战略的实施，而且可以在执行过程中巩固、优化战略的方向，形成战略规划和战略执行之间的良性双向互动。因此，执行力是决定企业成败的一个重要因素，是21世纪构成企业竞争力的重要一环。可以说，核心竞争力就是所谓的执行力，没有执行力就没有核心竞争力。可见，执行力决定了企业的成败。

（二）行政执行力及其特征

执行力是指有效利用资源、保质保量完成目标任务的能力，指的是贯彻战略意图，完成预定目标的操作能力，是把企业战略、规划、目标转化成为效益、成果的关键。执行力包含完成任务的意愿，完成任务的能力，完成任务的程度。对个人而言执行力就是办事能力；对团队而言执行力就是战斗力；对企业而言执行力就是经营能力。简单来说就是行动力。执行力最简单的定义就是保质保量地完成自己的工作和任务的能力。行政执行力就是各级政府及其公共部门和工作人员贯彻执行国家大政方针、法律法令和公共政策的能力。正确的公共政策和行政决策固然重要，因为它是政府管理的根本和核心，是政府职能的体现；强有力的行政执行力同样必不可少，因为它是保证公共政策和行政决策得以实施的重要条件和手段。

行政执行力具有确定性、强制性、可评价性和被监督性的特点。所谓确定性，是指公共行政的方向及目标是明确的和确定的；所谓强制性，是指行政决策必须贯彻执行，不容轻易更改；所谓可评价性，是指行政决策和公共政策的执行及其结果能够进行绩效评估；所谓被监督性，是指行政决策执行的全过程都需要置于法制的、民主的、公众的和社会舆论的监督之下。从行政执行力的内涵看，包括理解力、组织协调力、公共资源利用力、创

造力、应变力和依法行政的能力。

　　提高行政执行力是当代公共行政改革的重要内容，也是各国政府竭力追求的目标。这是因为，经济全球化和科学技术的迅速发展，特别是信息化步伐的加快，使综合国力的竞争日趋激烈，这就要求公共行政必须提高在资源配置和使用上的效率，制定和执行正确的政策和发展战略，防止政府管理失灵。随着世界范围的公共行政改革不断推进，各国都把提高行政执行力和政府公信力作为改革的重要内容和目标，力求通过提高行政执行力有效解决政府效能问题，通过提高政府公信力解决政府诚信及与公民的关系问题。尤其需要一提的是，各国政府都把防止滥用行政权力作为提高行政执行力的着眼点和着力点。

（三）税收执行力及其特征

　　税收执行力就是执行国家税收政策、税收法律的能力。由于税收政策的执行主体可以分为税务机关、纳税人、社会中介组织三个方面，所以，广义的税收执行力应该是这三方面执行力的综合。狭义的税收执行力就是指税务机关的执行力。它反映了各级税务机关决策、指令运行状态和水平，包括干部职工的组织观念、行为方式和价值观，以及整个税务部门的管理流程和方法。因此，狭义的税收执行力相对于企业执行力，就是税务机关及其工作人员履行职能的能力，也就是工作效率加上创新工作的能力，即在工作中的质量、时效、创新。相对于行政执行力就是税务机关执行国家税收政策、税收制度的能力，也就是要做到依法行政，依法治税。

　　税务部门作为国家行政部门之一，它同其他行政部门一样，主要是为纳税人提供公共服务，因此，税收执行力作为行政执行力的组成部分，同样具有确定性、强制性、可评价性和被监督性的特点。但税务部门又不同于其他一般的行政部门，一般的行政部门通过使用财政资金向纳税人提供公共产品和服务，而税务部门主要通过获取财政资金向纳税人提供公共服务，这决定了税收执行力又不完全等同于行政执行力。

　　税收执行力具有法治性、无条件性、刚性、合力性、确定性、效能性的基本特征。

1. 法治性

　　税务部门对税收法律法规授予权力范围内的事情必须作为，否则就是不作为；法律没有授予权力的坚决不能为，否则就是违法行政。法治性要求税收执行力必须做到有法可依、依法治税、违法必究。既要按照税法规定，做到税收收入的应收尽收，又要确保纳税人权益不受损害；既要刚性执法，又要优化服务。

2. 无条件性

　　税务机关和税务人员必须做到接受任务无条件、执行任务无借口、完成任务高质量。

3. 刚性

税务部门和税务干部应化解矛盾，敢于碰硬，迎难而上，在优化服务的同时刚性执法。

4. 合力性

税收执行力的提高取决于多种因素，从内因看，税务机关的职责划分是否清晰、税务机关的权责是否相称、税务机关的人员结构是否合理等，都会直接影响税收执行力的提高。从外因看，纳税人的纳税意识、税务中介机构的规范运转、税务司法机制的建立健全等，也会在很大程度上间接影响税收执行力的提高。因此，提高税收执行力就必须在增强税务执行能力的同时，凝聚社会协税护税的合力。

5. 确定性

执行主体目标明确，职责明晰，权责相称是税收执行力的关键要素。

6. 效能性

税收执行力的效能性表现在培养高效率、快节奏的工作作风，用创新的思维，科学的方法、措施、技能，推动税收管理服务高效运转，以最小的征纳投入获得最大的效益。

二、税收执行力的评价标准

由于税收执行力具有法治性、合力性的特征，因此，决定评价税收执行力不能简单地运用企业执行力和行政执行力的标准。如何评价税收执行力？需要从税务机关的执行力、纳税人的执行力、税务中介机构的执行力三方面综合考虑。评价纳税人执行力的标准主要包括纳税意识的状况；纳税成本的多少；纳税资料的完善；纳税遵从度的高低等。评价税务中介机构执行力的标准主要是税务中介机构的独立性；税务中介机构的规范性；税务中介机构的从业质量等。仅就税务机关执行力的评价标准来看，主要包括下述五个方面。

（一）税务机关执法的规范性

一是税务管理制度健全。税务管理制度是税收执法的依据，只有设计一套健全的税收法律体系，才能保证税务机关执法的规范性。

二是税务机关的职权明确。主要是指各级税务机关行使国家税收征收管理的权力。这是一种公共权力，必须由法律授予或设定。同时，税务机关的职权明确还包括中央税务机关与地方税务机关的职权划分也要通过法律加以明确，避免在征税过程中发生矛盾甚至相互扯皮。在此基础上，明确每个人的职责，确定每个人的职位，明确规定各职位应担负的任务，做到职责明确，责任到人。

三是税务执法严格。表现在税务执法过程中要做到合法执法、合理执法、有效执法。合法执法，即执法主体的合法；执法内容合法；执法手段合法；执法程序合法。合理执法，指税务机关及其执法人员在税收执法活动中，特别是在行使行政自由裁量权时，必须遵守公正、适宜的要求。有效执法，指在坚持合法性和合理性的前提下，税务机关必须提高执法的效率。有效执法要求执法过程一要准确，二要及时。

（二）税务风险的最小化

强化税收执行力必须考虑可能产生的税务风险。税务风险包括两个方面的内涵，一是税务机关内部的风险，即消除或削减税务机关自身及其内部成员所承担的风险，创造安全的内部环境。二是税务机关外部的风险，即以降低纳税人所承担风险为目标，创造公平的税收环境。税务机关的职责是为国聚财并向纳税人提供公共服务，因此，税务风险管理应该有更强的针对性，应当将日常政策管理、项目管理和资源管理整合在一起，对未来可能承担的风险进行前瞻性的预测、评估、预防和监控，以降低执法风险、道德风险和财务风险。

（三）纳税服务的社会满意度

优化纳税服务是构建"服务型政府"题中应有之义。税务部门必须用正确理念矫正角色错位，树立纳税人是社会财富的创造者，也是税源创造主体的理念，将税收管理模式由目前的"监督管理型"调整为"管理服务型"，切实减轻纳税人的负担。通过征管改革，优化税收环境，为纳税人提供优质高效的纳税服务，让纳税人真正体会办税的方便和快捷，这样才能得到社会的广泛理解和支持，征管改革才会顺利推进，这不仅有助于提升税务机关形象，而且会极大地提高税收执行力。

（四）拥有凝聚力的税收文化

税收文化是一种共有的价值观，是力图通过影响执行者的意识进而改变他的心态，最终让落后者自觉改变行为的一种做法，是提高执行力的一种更为有效的措施。在海尔，员工理解并认同了企业"真诚到永远"的文化，所以在为消费者提供服务的时候觉得很应该，也会很自觉地去执行公司的规定。这从一个侧面反映了企业文化对人的行为也就是执行力的影响。税收文化对执行力的影响也是非常大的，通过构建和谐税收、廉洁税收、服务税收、诚信税收，形成有凝聚力的税收文化，税收的执行力就会得到快速的提升。具体看，税收文化的建设应主要关注以下几个方面。

一要构建和谐税收。和谐税收不仅指税收收入与经济增长之间的和谐，而且指税务机关内部的和谐及税务机关与纳税人、协税护税组织之间的和谐。做到税务机关内部的和谐，关键是要确立团队精神。团队精神是指团队的成员为了团队的利益和目标而相互协作、尽心尽力的意愿和作风。其核心在于协同合作，强调团队合力，注重整体优势，远离个人英雄主义。要提高执行力，团队精神是必不可少的，团队精神是发展的灵魂。一个群体不能形成团队，就是一盘散沙；一个团队没有共同的价值观，就不会统一意志、统一行动，当然就不会有战斗力。

二要构建廉洁税收。建设廉洁税收的根本是强化监督机制。税务机关作为国家的执法部门，尤其需要监督。因此，加强对权力运行的监督制约，有效减少寻租，是建设廉洁税收的重要举措。在强化税务监督方面特别需要注意两种情况，一是没人监督，二是监督的方法不对。前者是只要做了，做得好与坏没人管。或者是有些事没有明确规定该由哪些部门去做，职责不明确，所以无法考核。常见的如税收中的管理真空或者管理重叠问题，导致有事情有时候没人负责。后者是监督或考核的机制不合理，严重挫伤税务机关工作人员的积极性，税收执行力也将大打折扣。

三要构建服务税收。重在树立为纳税人服务的新理念，建立以纳税人为中心的税收服务新制度和新机制。顺应国际税收征管的新潮流，税务部门应树立为纳税人服务的新理念，视服务为天职，切实转变工作态度和工作方式。税务系统应层层设立为纳税人服务的机构，服务经费单列预算，以足够的人力、财力的投入作为服务保障。逐步统一、规范各地的服务方式和服务标准，同时，在普遍化的基础上，追求为纳税人提供个性化的服务，使纳税人从政府提供的公共服务中切实感受到作为纳税人的权利和地位。此外，税务部门必须用科技手段提升服务效能，要积极借助先进信息技术改造传统税收管理，用信息化推进税收管理的现代化和税收服务社会化，使纳税人从繁杂的办税事务中解放出来，在现代税收管理中享受到方便、快捷、高效的税收服务。

三、加强税收执行力的建议

为政之要，执行为先。执行的问题，归根结底就是"做"的问题。加强执行力建设，就是要解决好"做什么""谁来做"和"怎样做"等问题。我们认为，要加强税务系统的执行力建设，必须从意识、能力、机制和文化四个方面着手。

1. 增强执行意识

执行是一个知、情、意、行统一能动的系统过程，只有认知、情感、意志和行为达到高度的协同，执行才会主动、持久、积极、有效。一是树立执行理念。观念决定思路，思路决定出路。有什么样的思想观念，就有什么样的工作效果。只有树立先进的执行理念，才能培育执行意识，创新工作思路，积极引导干部用心想事、用心谋事、用心干事，提高队伍执行素养。二是构筑共同愿景。执行目标只有成为组织成员的共同愿景，才能转化为各部门、全体干部职工的自觉行动，实现不同部门、不同干部职工的知识与技能的聚合与融洽。三是强化责任意识。工作无小事，工作就意味着责任。无论在任何岗位，无论做什么工作，在接受任务后，都要充分发挥主观能动性和责任心，都要满怀热情，有坚定完成任务的信心和决心，竭尽全力，想尽一切办法，尽职尽责地把工作做好。四是增强法治观念。依法执行是第一执行力，只有依法，执行才有刚性，才能顺畅，才有效果。提高税务执行力必须坚持依法治税，把依法行政贯穿于税务行政管理和税收执法行为的全过程。五是培育团队意识。加强协调配合，营造和谐的协作沟通氛围，努力打造团队精神，才能确保共同目标的有效推进和圆满实现。

2. 提高执行能力

加强能力建设是提高执行力的核心。一是要提高领导决策能力。领导干部要培养战略思维，将决策的科学性、民主性与效率性有机结合起来，使制定的决策科学合理、符合客观规律，确保决策目标能够执行。同时，领导干部要率先垂范，以自身的模范行动成为抓执行的第一人，实现由督促执行向率先执行转变；由被动执行向主动执行转变；由常规执行向创新执行转变。二是要提高专业实践能力。知愈深则行愈达。每个干部职工认知能力的高低，决定执行力的好与坏。因此，要更新观念、更新知识，有针对性地组织技能培训、专业培训，努力提高干部队伍的学习能力和实践能力，为提高执行力奠定良好基础。三是要提高自我约束能力。每个干部职工要把党的政策视为"生命线"，把党纪国法视为"高压线"，把党风廉政规定视为"警戒线"，做到时时处处严格要求自己，加强自我约束。

3. 培育执行文化

文化作为一种根源于灵魂、融化到血液的精神力量，对于执行力建设而言，颇具战略性、长久性和根本性意义。执行力文化建设抓好了，对提升执行力可以起到强基固本的重要作用。营造执行文化的关键在于单位的领导班子和中层干部，应把执行文化的培养视为动态渐进发展的过程，对执行中遇到的问题不断加以调整完善以提高执行的有效性和完美性。一是加强沟通协调。通过组织内部横纵向沟通渠道的构建和信息反馈的有效实现，确保政令畅通，提高执行效率。同时，强化工作协同，促进内部和谐，凝聚执行合力。上级要增强服务意识，提高决策部署的实效性；下级要增强服从意识，全面执行上级的决策部署；同级要增强全局意识，履行各自职责，共同推进全局工作。二是通过思想政治工作和制度、机制的激励约束，进一步强化"知行合一"理念，充分调动干部职工的工作积极性、主动性和能动性，营造执行氛围，增强执行意愿。三是税务行政管理要以有利于工作开展、有利于执行为出发点，以是否执行到位为评判标准，奖励执行者，鞭策执行差的或不执行者，形成积极向上的执行文化，真正做到工作有激情，制度有约束，做事有责任，落实有措施，确保各项工作的真正落实。

总之，提高税收执行力必须从依附型向独立型转变，坚持原则去执行；从服从型向主动型转变，积极主动去执行；从避责型向守责型转变，承担责任去执行；从人治型向法治型转变，遵守制度去执行。

第三节　税务管理理念的转变

一、强化以人为本的管理理念

（一）人本原理的含义

人本原理，是管理学四大原理之一，顾名思义就是以人为本的原理。它要求人们在管理活动中坚持一切以人为核心，以人的权利为根本，强调人的主观能动性，力求实现人的全面、自由发展。其实质就是充分肯定人在管理活动中的主体地位和作用。同时，通过激励调动和发挥员工的积极性和创造性，引导员工去实现预定的目标。世界上一切科技的进步、物质财富的创造、社会生产力的发展、社会经济系统的运行，都离不开人的服务、劳动和管理。人本原理实质上是一种以人为中心的管理思想。它要求将组织内的人际关系放在首位，将管理工作的重点放在激发被管理的积极性和创造性方面。其核心是：尊重人——员工是企业的主体；依靠人——有效管理的关键是员工参与；发展人——使人性得到最完美的发展是现代管理的核心；为了人——服务于人是管理的根本目的。

（二）人本原理要素分析

1. 职工是企业的主体

对人的认识过程经历了三个阶段：一是要素研究阶段。认为人是生产过程中的一个不可缺少的要素,将人作为管理的一个客体,把人作为机器对待,将人性假设为经济人。二是行为研究阶段。认为人的行为是影响生产效率、产品质量和成本的重要因素,开始对人的行为进行研究。把人作为社会人看待。将人性假设为社会人,但是人仍然是管理的客体。三是主体研究阶段。职工是企业的主体;企业管理既是对人的管理,也是为人的管理;企业经营的目的是为包括企业职工在内的人的社会发展而服务的。

2. 有效管理的关键是职工参与

有效管理有两条途径:一是军事化管理。高度集权,从严治厂,铁的纪律,重奖重罚。在此种管理方式之下员工处于被动地位。二是民主化管理。适度分权,民主治厂,职工参与,科学管理。在此种管理方式之下员工主动参与管理。要重视非专职管理的职工(普通工人、职员和技术人员)参与企业管理的问题。具体的途径和形式是多种多样的。但有三种形式应当是最基本的:通过职工代表大会选举代表参加企业的最高决策机构——管理委员会或董事会,参与企业的决策和管理工作;由职工代表大会选举代表参加企业的最高监督机构——监事会,参与企业的监督工作;广泛参加日常生产日常管理活动。例如质量管理、设备管理、成本管理和现场管理等。

3. 现代管理的核心是使人性得到最完美的发展

评价人性完美的标准,历史时期不同,标准不同。封建社会,以人身依附作为建立正常关系的准则,并且以是否完全遵守这一准则作为评价人性是否完美的标准。管理建立在一方完全无条件服从另一方的基础上;资本主义社会,以利己本性为基础建立了商品经济关系,"利己"和"守信"成为其基本准则,管理也是建立在这一准则上的;社会主义社会,理论上讲是完全平等的友爱关系。实际上由于社会生产力不发达,传统的思想意识尚有较大影响,因此管理所面临的人性状况极为复杂。

(三)人本原理在税务管理中的应用

1. 税收政策的制定要坚持以人为本的思想

人们要正确、全面理解"人"的本质含义。对"以人为本"有六个方面的理解,即"以人为本"对公务员是一种管理目标的要求,即以人民群众为本;"以人为本"是对现实矛盾的一种反思,即以人的全面发展为本;"以人为本"是一种对后代人的代际负责,即以后代人为本;"以人为本"对社会制度而言是文明的体现,即以所有人为本;"以人为本"对强者而言是对弱者给予帮助的呼唤,即以自己和他人平等为本;"以人为本"对公民是一种基本的理念,即以他人和自己同等为本。表现在税收政策上,以人为本就是要做到公平税收、生态税收、简化税收。税收管理过程中，以人为本就是要在法治的框架内以纳税人的理性需求为基础，研究纳税人的纳税心理、纳税动机、纳税行为。通过对纳税人心理、动机、行为的研究，透视税收政策的效应、税收制度的缺陷和政府服务的不足，为完善税制、改善政府服务、强化税收管理提供依据。同时，通过对纳税人心理、动机和行为的研究，很好地把握纳税人的个性倾向、需要，充分调动与有效发挥纳税人主动纳税、诚信纳税的积极性，形成良好的税收环境。

2. 税收政策要致力于实现人与人之间的和谐、人和环境之间的和谐

税收政策要致力于实现人与人之间的和谐、人与环境之间的和谐，包括纳税人与国家之间、纳税人与征税人之间、纳税人与纳税人之间的相互和谐。

3. 税收政策如何通过促进科技创新，满足人们多样化的需求

人们的需求不仅是多样化的，而且是不断发展变化的。这就需要我们不断进行科技创新，生产出符合人们需求的新产品，创造出符合人们需求的新技术，因此，制定促进科技创新的税收政策迫在眉睫。

4. 税务机关如何进行跨文化的管理

跨文化管理是指管理者在不同的文化里，有效地协同不同文化对组织行为的影响，有效地与来自不同国家和文化背景的人进行良好的沟通。随着跨国公司和跨国经营的发展，国际税务关系越来越复杂，要求税务机关必须掌握科学的跨文化管理的技术，进行有效的跨文化税务管理。如要识别文化差异，发展文化认同；通过跨文化培训，实现跨文化理解；加强文化融合，发展与提高跨文化沟通能力等。

二、强化科技管理的理念

税收征管的理念是"科技加管理"。加大税收征管的科技含量，包含引进先进的管理科学。

（一）含义

科技加管理就是充分利用高科技尤其是以计算机和网络为核心的现代信息技术，为税收管理提供现代化手段，同时在管理理念、管理体制、管理方法上有所创新，使之与现代化手段相适应，实现人机的最佳结合。随着税收信息化在税收工作中的作用日益得到发挥，对科技和管理的认识越来越全面、越来越深刻。税收信息化建设必须坚持科技加管理"双轮驱动"；税收信息化建设是税务管理的一场革命。

（二）实践应用

①CTAIS软件稳步推广。CTAIS软件涉及基层税务机关的事务处理、管理监控和辅助决策等各个环节的业务，涵盖了管理服务、征收监控、税务稽查、税收法制及税收执行5个系列的基层税收征管和市局级管理与监控功能。CTAIS的推广运行，提高了税务机关的综合管理能力和监控水平。一是强化了税收行政执法监督。CTAIS运行后，税收工作各环节都置于计算机的严密监控之下，在一个地市范围内形成了以计算机为依托、纵横交错的监督制约机制，有效地规范了税务人员的行政执法行为，实现了由人管人到制度管人、程序管人的跨越，有效地避免人工作业条件下税收征管的随意性。二是强化了对税源变化的有效监控。各级税务机关可依托CTAIS软件，建立起全面灵活的监控体系，加强对纳税人的控管。三是巩固并加快了税收征管信息化建设步伐。CTAIS的推行，改良了较多地市低平台小型数据库环境，从根本上改变了信息不能共享的局面，推动了各应用地市在一个网络支持下的立体式税收征管信息系统的建立，实现了广域网环境下的数据集中处理，满足各应用层次、各业务环节间数据的实时共享，为强化税收征管提供了坚实的技术支持。四是提高了决策依据的准确性和可靠性。CTAIS管理层软件的优化，不仅完成了市局级的分析辅助决策子系统，而且为省局和总局分析决策系统提供了丰富和真实的信息源。各级领导不仅能从宏观上纵览税收征管工作所形成的各种信息，更能纵深查询各纳税人的明细信息，实现了对下级机关税收执法行为的全程和实时监控，从而增强了决策的及时性、科学性和预见性。五是为税收征管专业化分工提供了有力的支持。CTAIS完全支持专业化分工的税收征管模式，各应用城市以此为支撑，集中征收、分类管理、一级稽查的税收征管机制运行顺畅。

②为了加强对税源的监控与管理，堵塞漏洞，全国税务系统采取有力措施，逐步推行了税控装置。首先，开始在全国加油站推广安装税控加油机。其次，从在部分省市的商业、服务业、娱乐业试点推广使用税控收款机。在这些行业的小规模企业和有一定经营规模及有固定场所的个体工商户装备税控收款机进展顺利，并产生了明显效果。最后，大中城市出租汽车行业逐步推广使用税控计价器，也取得了较好的效果。

三、强化服务管税的理念

（一）优化纳税服务

优化纳税服务工作是贯彻落实科学发展观的根本要求。坚持以人为本，全心全意为纳税人服务，是推进政府职能转变、提高纳税人税法遵从度的核心和基础。

1. 优化纳税服务是税收征管的基础

税收征管工作可以分为金字塔形的三大层次：基础层，包括税法宣传、政策咨询、纳税辅导、税务登记、账册凭证管理、纳税申报和税款征收等工作。中间层，包括纳税评估、税源监控、风险管理、成本管理以及税务检查。最高层，包括征管法规制度建设、征管组织结构建设等。纳税服务作为最能满足纳税人需要的征管活动，集中体现于基础层，受制于中间层和最高层，同时也反作用于中间层和最高层，也就是说纳税服务居于税收征管活动中的基础地位。纳税服务在不同程度上促进了纳税人税收遵从率的提高，进而带来税收收入的相应增长，最终可使税务机关得到纳税服务的收益。

2. 优化纳税服务的重要性和必要性

一是优化纳税服务是构建和谐征纳关系的根本宗旨。改进和优化纳税服务，有利于纳税人更加方便、快捷地缴纳税款，增强履行纳税义务的自觉性和纳税遵从度，增进纳税人对税务机关的理解和支持，也有利于税务部门落实为国聚财、为民收税的工作宗旨，坚持公正执法、诚信服务，树立良好社会形象，从而在税务机关和纳税人之间建立和谐融洽的关系，促进税收工作的开展，促进社会主义和谐社会的建设。二是优化纳税服务是提高税收征管效率的必然要求。在现代信息技术条件下，提高征管质效，创造公平、有序的税收环境，促进经济发展和社会进步，要求税务部门提供更多更完善的服务。税务部门要坚持为纳税人提供税前、税中、税后服务，坚持"管理中服务、服务中管理"的原则，引导和提高纳税人纳税遵从度，从而提高税收征管效率。三是优化纳税服务是转变税务机关职能的内在规定。目前，我国政府职能的定位是建立公共服务型政府，税务机关作为政府的重要职能部门，在建立和完善社会主义市场经济体制的过程中，推进依法治税的同时，必须顺应政府转变的大趋势，切实转变机关职能，以建设"服务型"机关为目标，将传统的"监督打击型"征管方法向"管理服务型"转变，充分发挥服务职能、管理职能和保障职能作用，进一步完善管理，为纳税人提供优化高效的服务，保护纳税人合法权益，促进税收事业顺应时代的发展。四是优化纳税服务是增强纳税遵从度的有效途径。首先，加大税法宣传力度，可以引导纳税遵从。通过税法宣传让纳税人了解税法，懂得税法，从而提高纳税遵从度。其次，完善纳税服务体系，可以促进纳税遵从。通过建立健全纳税服务体系，细化完善纳税服务制度，全面提升纳税服务水平，尊重、关爱纳税人，使纳税人纳税后获得荣誉感和成就感，以增强纳税人的社会责任感和纳税遵从意识。最后，建立民主参与机制，可以助推纳税遵从。让纳税人享受知情权、参与权、话语权，有利于税收征管工作的科学化、规范化、便捷化。

(二) 纳税服务的宗旨

纳税服务工作始于纳税人需求，基于纳税人满意，终于纳税人遵从。近年来，我国各级税务机关牢固树立征纳双方法律地位平等的服务理念，按照以法律法规为依据，以纳税人合理需求为导向，以信息化为依托，以提高税法遵从度为目的的纳税服务工作总体要求，不断丰富服务内容、创新服务手段、完善服务机制、提高工作水平。

一是纳税服务内容不断丰富。税务机关积极拓展税法宣传、纳税咨询、办税服务、权益保护等纳税服务领域及内容。

二是纳税服务平台建设稳步推进。税务机关以信息化为依托，积极发挥了办税服务厅、12366纳税服务热线、税务网站等服务载体的作用。

三是健全体制机制。为推进纳税服务工作健康有序开展，各级税务机关积极建立纳税服务领导体制和工作机制，通过完善领导体制、强化协作机制、健全考评机制、建立人才队伍保障机制，为纳税服务各项工作的顺利开展提供了有力保障。

(三) 纳税服务的具体目标

1. 最大可能地响应服务需求

以纳税人合理需求为导向的服务准则深入贯彻，纳税人需求获取渠道日益畅通，纳税人需求分析机制全面建立，纳税人合理需求得到高效满足。

2. 最大限度地挖掘服务潜能

纳税服务组织管理和工作流程基本完善，纳税服务岗位技能和队伍素质明显提高，纳税服务考核评价和监督管理更加到位，纳税服务组织决策和计划控制更加成熟。

3. 最大规模地整合服务平台

以全国统一税务网站群和纳税服务热线为核心内容的"一体化"纳税服务平台逐步完善，建成即时互动、功能多样、便捷高效为主要特征的"网上税务局"。

4. 最大限度地提升自愿遵从

纳税人了解和履行纳税义务更加高效便捷，纳税人办税负担逐年降低，纳税人权益得到切实维护，纳税人满意度和税法遵从度不断提高。

(四) 纳税服务的主要内容

纳税服务的内容取决于纳税人在办税中的需要，主要包括下述内容。

①税法宣传和纳税咨询辅导。这是纳税人的基本需要，也是纳税服务中的基本内容和税务机关的义务，贯穿于税收征管工作的全过程。税法宣传的对象是社会公众，宣传的内容应当是广泛普遍的，包括税法、税收政策和各种办税程序、税收知识等，其作用在于潜移默化地增强全社会的纳税意识，提高纳税人依法履行纳税义务的自觉性。纳税咨询辅导的对象是特定的纳税人，其内容应该具体且明确，税务机关的答复和辅导应当及时、准确和权威，其作用在于直接指导纳税人办理涉税事项，减少纳税人因不了解有关规定而带来的负担。

②申报纳税和涉税事项办理。这是纳税服务的核心内容。税务机关应当创造和提供必要的条件，简化环节和程序，使纳税人在履行义务时方便快捷，感到轻松愉快。如税务机关设立的办税服务厅，集中进行税务登记办证，发票供应，涉税事项审核审批等；利用信息和网络技术的成果，向纳税人提供电话申报、计算机远程申报等多元化申报方式，通过电子缴税、银税联网提供纳税人、税务机关、银行和国库"四位一体"的缴税方式，使纳税人足不出户就可以完成申报纳税；随着税收信息化建设的不断深入，将来提供网上税务局、移动税务局服务，纳税人的一些涉税事项还可以通过网络来办理。

③个性化服务。这是纳税服务中更深层次的内容。如果纳税服务仅限于按照统一服务规范提供的普遍服务，不考虑不同纳税人的特殊情况，既不利于税务机关合理配置征管资源和进行税源监控分析，也不能满足不同纳税人的特殊需要。所以应当整合纳税人的个性化信息，针对其不同的纳税服务需求，在管理中动态地予以体现。如对纳税人实行户籍管理、分类管理、评定纳税信誉等级等办法，为纳税人提供个性化服务。

④投诉和反馈结果。这是纳税服务必不可少的内容。征管纲要提出：税务机关要把纳税服务作为行政执法的有机组成部分，使纳税人满意。纳税服务并不是仅仅强调服务形式的多样性，更为重要的是体现服务的质量和效果能够使纳税人满意。税务机关要想知道纳税服务纳税人满不满意，哪些地方需要改进，就应当虚心接受纳税人监督，听取各方面的意见。因此，应该提供一个征纳双方联系的渠道，纳税人在与税务机关打交道的过程中，对不满意的地方能及时向税务机关投诉、反映，税务机关则及时给予处理和反馈，给纳税人以满意的答复。

（五）新时期纳税服务发展方向

①权益保护。更注重纳税人的权利，提高纳税人参与度，保障公正对待，健全救济机制，完善服务评价体系。

②信用评价。完善信用评价机制，强化信用结果应用，参与信用评价体系建设。

③社会协作。规范中介机构服务行为，注重社会化服务，加强部门信息共享，加强行业协会、志愿者、科研咨询机构合作。

④服务保障。完善服务组织机构、制度保障体系，合理配置岗位，探索服务能级管理。

⑤绩效考核。建立服务分类考核指标体系，办税厅、12366实时电子监控，强化考核评价结果。

第四节 税务机关有效管理的思考

一、认识有效管理的重要性

有效管理理论是一种创新的、务实的、普适的管理理论，其主要包括管理者必须有效、有效性是可以学会的，管理者必须学会管理自己的时间，管理者必须着眼于贡献、管理者必须重视"长处"，管理者必须集中精力于少数主要的领域和管理者必须做有效的决策7个方面的内容。经济学理论认为，企业经济效益来自管理效率、资本流动效率、企业高层结构运行效率的有效发挥，一句话，管理必须卓有成效。也就是说，任何企业要赢得最佳经济效益必须推行有效管理。不仅如此，管理在经济活动中的效果是非常明显的，技术人员：经济效果＝1∶2.5；管理人员：经济效果＝1∶6。我国实践表明：固定资产投资：经济增长＝1∶0.2；劳动力增加：经济增长＝1∶0.75；管理人员水平提高：经济增长＝1∶1.6。在一个组织中，如果整体素质为10分，那么，投资占1分，技术占3分，管理占6分。因此，税务机关必须高度重视有效管理。

二、税务机关有效管理的目标

控制风险与创造价值是当代税务管理的两大首要目标，而且这两大目标是相辅相成的，一个目标不可能脱离另一个目标的支持而得以实现。成功的税务管理应该既能够确保遵守税法，控制税务风险，又能够为运营提供好的节税建议，创造税务价值。

因此，税务机关有效管理的目标就是风险可控与价值最大。如何平衡税务风险与税务价值，首先要了解何谓税务风险。公司税务风险可以理解为：公司的涉税行为因未能正确有效遵守税收法规而导致公司未来利益的可能损失，具体表现为公司涉税行为影响纳税准确性的不确定因素，结果导致公司多交了税或者少交了税，最终影响公司的正常生产经营活动。控制税务风险，要搞清风险来源，其主要来自：政策遵从风险——纳什么税的风险；准确核算风险——纳多少税的风险；税收筹划风险——纳最少税的风险；业务交易风险——何时何地如何纳税的风险。这是最难控制的一种风险。

当然，以上四种风险并不是彼此孤立的，一项具体的税务风险，往往同时涉及以上几个方面。要控制风险，就必须从风险产生的基本元素出发。

其次要了解何谓税务价值。税务价值一般包括两项内容：有形价值和无形价值。有形价值主要指：在合乎法律的前提下合理避税（逃税是非法的），如税收筹划。无形价值则主要指：良好的税务管理可以帮助公司形成良好的声誉，提升公司的社会形象，有助于公司吸引人才、资本市场融资等。

公司税务策略的选择及运用主要有三种模式。

"激进"的税务策略：采取的是一种进攻姿态，积极利用一切减少税款和延期纳税的机会来增加收入和利润。若公司选择此税务策略，风险性大，并有可能会因此受到税务罚款或惩罚。

"保守"的税务策略：相对来说，更加注重公司税务风险。若公司选择此税务策略，风险性较小，但有可能会因此而缴纳了税企之间尚存争议的税款。

"激进+保守"相结合的税务策略：根据不同的纳税事项、纳税主体，选择不同的税务策略。若公司选择此税务策略，风险性可控，此策略被大多数公司所采用。

董事会应重点关注税务策略的选择，以及与公司重大决策（如重组、并购等）有关的涉税决定判断；公司高管需要关注的是：如何将涉税信息政策及时准确地上传下达，部门之间的配合，应对税务约谈；涉税岗位工作人员需关注的是：如何掌握、理解政策的尺度及运用，税务约谈时的注意事项。

综上所述，公司税务策略的选择，既要具有前瞻性，同时也要具有可操作性。即在税务风险可控的前提下，有效地保护自身的税务价值。

税收风险是指，在税收管理中，对提高纳税遵从目标实现产生负面影响的可能性。因此，税收风险全称为税收遵从风险。税收风险的原因是纳税人税法遵从度较低等原因造成的。直接后果是税款流失，针对纳税人少缴或者税务人员少征的税款。其典型特征是风险的不确定性，需要核实事物发生的概率（现实性=可能性×条件）。

税收风险不同于税务风险。税收风险是相对于政府和税务部门而言的，是指由于税收收入可能的不足而给政府、税务部门带来的风险。税务风险是指税收政策变动、纳税人行为不当等因素可能导致纳税义务不正确履行的风险。

税收风险从风险的来源、风险可测程度、风险等级评定等角度，可以将税收风险划分为下述几种类型。

①按照风险来源，可分为税务部门税收风险和企业税务风险。

②按照风险可测程度，可分为指标性税收风险和非指标性税收风险。

③按照风险等级评定，可分为一般税收风险和重大税收风险。

从税务部门税收执法风险的形成分类，又可分为税源管理风险、税收征管风险和税收执法风险。

税收风险在纳税人方面表现为：少缴税的风险，可能是无意造成的，也可能是故意的。多缴税的风险，主要是纳税人在技术上履行了纳税义务，但因对税法的理解不同而可能在遵从上出现问题。税收风险在征税人方面表现为：税法的透明度低，税收管理方式发生了变化而纳税人并不知情。

三、税务机关有效管理的基本标准

税收征管工作应牢牢树立的"六种观念"，大局观念、法治观念、创新观念、效率观念、服务观念和责任观念。着力抓好的"三个重点"，加强税源管理，优化纳税服务，提高征管质量和效率。必须坚持的"四条标准"，执法规范、征收率高、成本降低、社会满意。这是对新时期征管工作总体要求的细化，这一要求充分体现了将效率和有效性作为税务机关行政的价值取向，为我们的管理和改革指明了方向。

四、税务机关有效管理的主要措施

（一）优化管理决策

决策是管理的核心，择优则是决策的核心。择优就是分析各种复杂因素，制订多种备选方案，选择相对满意方案。实际上，在税收征管的工作中，我们中间有不少人对自己所面对的问题，往往习惯于只想到问题的一个方面，考虑一种方案，走一条沿袭以往的不变的路子，结果思维越来越固化，征管水平和质量上升不了。

（二）创新管理思维

坚持以科学发展观为指导，以服务基层、服务征管、服务纳税人为宗旨，以提高税收管理质量和效率、降低税收管理成本和风险为目标，以推进省级集中应用、整合系统资源为主线，以深化数据分析、加强数据应用为重点，转变思想观念，调整工作思路，大力推进管理创新，在较短的时间内实现了"六个转变"：应用模式由分级管理到省级集中的转变；信息资源由信息群岛到信息共享的转变；管理方式由职能导向到流程导向的转变；服务形式由单一封闭到多维开放的转变；税收监控由事后检查到过程监控的转变；领导方式由传统粗放式到科学精细化的转变。目前税收征管改革又进入一个新的阶段，在改革中我们一定要有观念的突破。不能拘泥于原有的思路、办法，成为木桩上的大象。给改革以空间，不能让干部职工成为玻璃瓶中的跳蚤。

（三）夯实管理基础

做到基本制度健全、基本情况清楚、基础数据准确、基础资料完备、基本程序规范、基础工作扎实。

先进适用而高效化、公平公正而民主化、奖惩分明而激励化的制度，是搞好内部管理的基础，我们需要根据自身实际而创新这样的制度。脱离实际、流于形式的制度安排，不但无助于提高工作效率，反而会成为日常管理中的一种枷锁和羁绊。

不同的制度安排，就会在制度出台以后随之形成不同的单位风气。一项好的管理制度，一定是在实际的运用过程中不断修订与创新，使其逐渐合理实用、清晰高效，既有利于简便操作，又能体现效果的公平性。因此，适用的制度是根据自身实际的需要制定出来的，而不是照着别人生搬硬套制造出来的。它既要体现民主化、公正性，具有很强的针对性和适用性，同时还要体现奖惩分明的绩效原则，这样才能提高全体工作人员的积极性和创造性，做到"以奖扬长，以惩避短"。

要有一套好的制度，要敢于跳出传统的思维去寻找新的解决问题的办法，一套好的机制对领导者来说比自己事无巨细、事必躬亲要有效得多。

工作要补短——"木桶理论"。"木桶理论"又称水桶原理或短板理论，水桶短板管理理论，所谓"水桶理论"也即"水桶定律"，其核心内容为：一只水桶盛水的多少，并不取决于桶壁上最高的那块木块，而恰恰取决于桶壁上最短的那块。根据这一核心内容，"水桶理论"还有两个推论：其一，只有桶壁上的所有木板都足够高，那水桶才能盛满水。其二，只要这个水桶里有一块木板不够高度，水桶里的水就不可能是满的。

任何组织或许都有一个共同的特点，即构成组织的各个部分往往是优劣不齐的，但劣势部分却往往决定着整个组织的水平。问题是"最短的部分"是组织中一个有用的部分，你不能把它当成烂苹果扔掉，否则你会一点水也装不了！劣势决定优势，劣势决定生死，这是市场竞争的残酷法则。它告诉领导者：在管理过程中，要下功夫狠抓单位的薄弱环节。领导者要有忧患意识，如果个人有哪些方面是"最短的一块"，你应该考虑尽快把它补起来；如果你所领导的集体中存在着"一块最短的木板"，你一定要迅速将它做长补齐，否则它给你的损失可能是毁灭性的——很多时候，往往就是一件事而毁了所有的努力。一个县或是任何一个区域都有这样"最短的木板"，它有可能是某个人，或是某个行业，或是某件事，领导者应该迅速找出它来，并抓紧做长补齐。有些人也许不知道木桶定律，但都知道"一票否决"，这是中国的"木桶"，有了它你便知道木桶定律多么重要。

（四）改进技术应用

信息技术发展应用到今天，有很多值得我们深思的地方。大家知道，信息技术应用开发之路是从下到上的，从独立功能开发到模块拓展，从条块各自应用到系统集成，最核心的问题是没有运用系统工程理论来自上而下地指导信息技术的开发应用，导致条块分割，技术实现偏离业务需求，不能共享信息而增强了应用的压力。为此，必须改进技术应用。从技术主导向技术支撑转变，即业务是主导，技术是支持；从新推系统向强化应用转变，用好现有各系统，积极开发新系统；从封闭运行向信息开放转变；从跨越发展向协调进步转变；从机器管人向人机结合转变。注重人本需求，促进人机和谐。

（五）加强数据分析

税收数据资源变得越来越丰富，特别是在大数据时代的背景下，税收数据在税收管理和服务中的核心作用渐趋明显，加强税收数据的深度分析应用，从中发现税收征管工作中存在的问题和薄弱环节，掌握税收管理规律，更好地实现税收分配的目标具有重要的现实意义。加强数据分析，一方面要注重技术创新，充分运用数据挖掘技术，整合数据资源。数据挖掘理论是在"大数据"时代开展数据深度分析利用最有力的武器。所谓数据挖掘，是一个从大量数据中抽取挖掘出其中隐含的、以前未知的、对决策有价值的模式或规律等知识的复杂过程。简单地讲，就是从大量数据中提取出有潜在用途的知识。税收数据挖掘系统不但要挖掘金三核心征管数据库中的数据，还要挖掘相关的第三方信息，比如企业用电信息、国土资源信息、互联网交易信息、银行资金往来信息等对税收数据分析可能有用的信息，而后者，也就是第三方信息，是目前最迫切需要的也是最难挖掘的。要建立完善的、功能强大的税收数据挖掘系统，应该做到以下几点：一是在处理数据类型方面，数据挖掘系统应具备挖掘数据信息、文本信息、互联网信息、异构信息、历史信息功能。二是在数据挖掘的方法方面，数据挖掘系统应具备提供描述知识、对比概念描述知识、分类知识、关联知识、趋势与演化分析知识等多种或集成的数据挖掘结果。三是在数据挖掘技术方面，应具备完全自主交互式、基于查询驱动、基于数据库与数据仓库技术、基于机器学习、统计等数据挖掘技术的整合。另一方面要狠抓数据质量。数据资源的全面、真实、准确和完整是决定税收数据深度分析应用成效的关键。加强数据分析要严把"四关",狠抓数据质量,不断提高数据质量水平。一是严把数据入口关。要加强核心征管系统数据的逻辑检验,确保数据录入准确无误;规范税收业务流程和征管软件操作规程,建立综合征管软件日常管理各项制度,全面制定统一的数据采集标准,规范数据的采集和录入。二是严把数据应用关。要规范并严格系统的权限控制,加强管理,做到专人分配、按岗定责、监控有力。三是严把数据维护关。要继续完善各涉税系统数据维护制度,明确相关部门在系统数据维护工作中的权利、责任和权限,加强对数据维护的管理。四是严把数据考核关。要全面推行税收执法责任制度,加强对数据质量的考核,将考核对象细化到每一位计算机操作人员,明晰各操作人员的责任,提高操作人员谨慎性。

（六）推进业务重组

继续稳步推进"六个一"工程。一是实行办税申请"一站式",对纳税人申请办理的所有涉税事项,均在办税服务厅一站办结,解决纳税人多头找、多头跑问题。二是实行办税服务"一窗式",在巩固、完善"一窗一人一机"模式的基础上,推进"一窗式"管理和服务的深化与提高,统一办税服务厅设置,解决窗口职能单一、功能不全、服务欠规范问题。三是实行信息采集"一次式",合理划分信息类别,归并信息采集方式,实行信息资源共享,解决国税机关多头找、多次找纳税人问题。四是实行档案管理"一户式",建立纳税人户籍档案,将税收征、管、查过程中形成电子信息和表证单书等纸质资料,按户建立索引,及时归集,集中保管,实行档案管理"一户式",解决信息资料分散、不便查询问题。五是实行业务运行"一网式",利用现代网络技术和现有网络资源,进行内、外部业务系统和信息传输体系的重组和整合,形成内网与外网相互结合、相互补充、相得益彰的网上办公和网上办税平台,解决外部网站功能不全,内部系统相互独立等问题。六是实行税务管理"一级式",在机构设置和职能配置上减少管理环节,压缩管理层级,增加管理幅度,实现机构设置扁平化,并通过纵向和横向权力的分解,使国税机关更加贴近纳税人,解决纳税人对应多级国税机关问题。

（七）改进绩效考核

根据人的行为动机和人的本性,我们在设计绩效考核机制时,既要有利于提高工作质量和效率,又要合理公正地满足职工的需求,尽可能地引导和保证职工的追求与组织的目标一致,合理的经济利益要给予回报,个人的自我实现要创造机会,不能让多干事的人吃亏,更不能让不干事的人到处占便宜。

第五节 纳税评估理论及创新

一、纳税评估的概念

纳税评估是指税务机关对纳税人和扣缴义务人（以下简称纳税人）纳税申报（包括减免缓抵退税申请，下同）情况的合法性和合理性作出定性和定量的分析与判断，据此评价和估算纳税人的纳税能力，为纳税人提供自我纠错的机会，并采取进一步管理和服务措施，以提高税法遵从程度的管理行为。正确地界定纳税评估应从以下几个方面入手。

（一）纳税评估一般在税务机关工作场所进行，是一种案头评估

纳税评估的主体是主管税务机关，由评估专业人员具体实施。客体是纳税义务人和扣缴义务人。在实施纳税评估时，一般仅限于税务机关内部，不对客体进行实地稽查。主要目的在于堵塞管理漏洞，提高申报质量和管理水平，为税务稽查提供有效案源。从实务看，尽管纳税评估可能涉及对纳税人一般税收违法行为的处理，但在实施纳税评估时，评估行为的发生仅限于对纳税人纳税情况的客观评价，不对客体的违法行为进行处理。

（二）纳税评估的目标是降低税收风险，是一种风险评估

纳税评估的基本假定是：如果纳税人在税收上存在问题，其申报的数据信息中将出现异常。根据这一假定，税务机关通过对纳税人申报数据信息或可参照的其他可比数据信息的对比分析，判断纳税人的涉税业务是否真实发生、核算得是否准确、是否对税收发生影响，以便及时采取征管措施，防范税收风险。

（三）纳税评估的重点是对纳税人纳税申报合理性的判断，侧重的是事后评估

纳税评估的工作环节一般在纳税人、扣缴义务人按期缴纳税款及办理有关纳税事项之后。纳税评估属于事后监控，原则上在纳税申报到期之后进行，评估的期限以纳税申报的税款所属当期为主，特殊情况可以延伸到往期或以往年度。

（四）纳税评估是一种管理型评估

纳税评估是一个科学管理机制。创建税收分析、纳税评估、税源监控、税务稽查"四

位一体"良性互动机制是科学管理税源的内在要求。四者是税源管理的有机整体,相辅相成,不可分割。税收分析主要分析税源变化情况、发现征管中存在的薄弱环节和问题并为纳税评估提供依据,是税源管理的切入点和关键点;纳税评估通过约谈、核查,查找税收分析发现问题产生的原因,采取措施加以解决征管中存在的薄弱环节和问题并为税务稽查提供案源,是加强税源管理的必要手段;税务稽查主要对纳税评估提供的案源实施检查,对问题定性处理,反馈完善管理建议,加强税源监控,是税源管理的重要手段;税源监控主要是对管户这个税源源头的监控,是税源管理的重要组成部分,通过对管户变动、申报情况、有关财务数据和生产经营情况的了解和掌握,分析企业税源变化和税收问题,为税收分析、纳税评估提供数据支持和判断依据。

二、纳税评估的特征

(一)客观性与主观性的结合

纳税评估的客观性表现在:一是纳税评估的资料来源具有客观性。纳税评估是建立在纳税人自行申报基础之上的一种征管制度。纳税申报不仅是纳税人、扣缴义务人履行其相关义务的法定程序,而且也是税务机关行使税款征收权的可靠保证,并构成纳税评估的主要信息来源。这些在纳税申报过程中所形成的涉税信息及有关纳税资料,成为纳税评估工作最直接、最现实的依据,构成纳税评估工作的基础,具有客观性。至于说纳税申报资料是否真实,只有通过纳税评估和纳税检查才能发现。如果说每个纳税人都能按照规定按期如实纳税申报,也就没有必要进行纳税评估和纳税检查了。二是评估的指标具有客观性,评估过程中的分析评价是在客观真实的数据资料基础上进行的。三是评估过程要排除人为因素的干扰,要求评估人员具有公正、客观的态度和方法。四是纳税评估结果应有充分的事实依据。

其主观性表现在:一是纳税评估的结论都只是评估人员的主观判断,不能作为定案的直接依据。二是纳税评估的信息取舍具有主观性。三是纳税评估约谈过程中,纳税人提供的信息具有主观性。由于纳税人和税务机关始终处于一个信息不对称状态,纳税人向税务机关提供的信息数据不真实甚至于完全虚假都是有可能的。这就需要税务评估人员对约谈过程中获取的相关信息要进行仔细的甄别和取舍,作出科学的判断。

(二)系统性与逻辑性的结合

系统性是指工作环节的系统性,即纳税评估具有特定的工作内容、工作程序以及操作方法，是一种相对独立的系统性工作。纳税评估作为一种监控手段，贯穿税收征管的始终。税收征管的各个环节，都包含在纳税评估的范畴之内。从这个意义上讲，税收征管过程就是税收征收管理每一个环节的评估过程。

逻辑性是指工作过程的逻辑性，即纳税评估作为一个分析判断的过程，评估的基点是纳税人的经营行为与应税行为存在客观的内在联系。

（三）目的性与专业性结合

纳税评估的目的是加强税源监控。纳税评估围绕税源监控的重点对象、重点环节和重点内容，对纳税人纳税申报及有关纳税事项的真实性、合法性进行审核，并通过制订计划、确定对象、审核评估、约谈举证、确定稽查对象、结果反馈等工作环节，全面掌握税源及其变动情况，保证税款征收与税务稽查的有效衔接，对纳税行为尤其是申报质量进行动态、即时的分析、监控，并为实施纳税信誉等级管理奠定基础。

三、纳税评估体系

纳税评估体系包括制度体系、组织体系、指标体系、方法体系等。

（一）纳税评估制度体系

纳税评估制度体系是纳税评估的制度保障，是进行纳税评估的法律基础。主要包括：

1. 纳税评估办法

纳税评估办法主要对纳税评估的概念、评估的范围、内容、岗位职责、执法方式、工作规程等予以明确，从采集信息到分析审核到评估处理，都以法律的形式予以明确；明确每一岗位的职责，明确取证、质询等的程序及应注意的事项；明确评估内部各岗位以及评估与稽查及其他征管工作的衔接，明确各环节之间资料传递的步骤、时间限制和责任，以及约谈补税的具体操作方法，评估工作中对纳税人的保密制度等。使评估工作有章可循，有法可依。

2. 税收管理办法及制度

科学的纳税评估体系需要完善的社会法律体系来赋予其概念、地位、执行权力，完善的社会法律体系为纳税评估体系的建立提供了法律依据和有力的法律保障。

（二）纳税评估的组织体系

纳税评估作为现代税收征管体系的一个重要组成部分，与税收征管的各个环节有着密不可分的联系。但其本身又是一个相对独立的工作环节，建立一套健全、有效的评估机制是促进纳税评估协调运行的客观要求。

1. 外部体系

专业的评估管理机构。纳税评估工作的推行与开展，要以专业化组织机构设置为保证，鉴于纳税评估内容广泛、专业性强、人员素质要求高的工作特点。根据工作需要，税务机关应设置专业的组织机构，具体负责评估指标体系的建立，评估范围、评估手段的确立，评估内部工作管理等事项，保证评估工作的有序开展。

有效的评估协作体系。纳税评估作为税收监控手段贯穿税收征管的始终，需要各环节都派员参加，因此需要建立机制明确各环节之间资料传递的步骤、时间限制和责任，以约束各岗位间的传递和衔接，促进部门间的协调配合，形成密切协作的循环系统。

2. 内部体系

机构岗位的设置。科学合理的机构设置是提高效率的前提和保证，能够解决现实纳税评估工作中各部门职能的越位、错位和缺位现象。一是在省市县一级税务部设立专门的纳税评估管理部门，对纳税评估工作进行综合管理和指导，对下层评估事项进行审核，其人员可从征管、计统、各税种专业管理部门及信息管理部门人员中选取业务素质水平高的人员兼任，这样可综合各自专长发挥更大效用。二是在申报征收部门设立纳税评估信息采集岗，负责对纳税人的申报信息进行采集、审核、录入和整理。三是在基层税务部门税收管理人员职责中增加纳税评估岗位职责，充分利用税收管理人员掌握情况较全的便利条件，提高纳税评估具体工作的质效。同时，由于纳税评估作为一种税收监控手段贯穿税收征管工作的始终，需完善与征收管理部门的内部信息与反馈机制，形成不同业务部门的相互配合与促进，形成征、管、查互动机制，共同完善征管与评估的薄弱环节。

工作绩效的考核。纳税评估作为现代税收征管体系的一个重要组成部分，建立一套健全、有效的评估考核机制是促进纳税评估协调运行的客观要求。要积极探索建立一套评估责任追究制度和严格的考核制度，量化、细化各岗位衔接过程中的有关指标，切实解决"淡化责任"的问题。加大干部考核工作力度，强化干部队伍管理，科学合理设置考核指标，将评估工作列入岗位责任考核内容，使纳税评估真正成为严防虚假申报，实现征管事中监控，提高征管质量的重要手段。

加强评估工作人员的素质。纳税评估模型建立的过程中涉及税收业务、财务管理、会计制度和计算机技术等知识，在纳税评估管理软件中也对评估人员的业务能力提出了更高的要求。具体措施如下：一是强化业务培训。围绕税源特点，提高经营观察、评估疑点把握、评估指标应用、评估约谈技巧、逻辑分析等能力,对照上级编发的纳税评估典型案例,进行系统培训,为评估工作提供业务指导。二是强化业务交流。适时召开评估经验交流会、典型案例分析会、通过评估人员对报表分析、约谈技巧等评估方法的交流,使评估人员的评估水平在相互探讨中共同提高。

(三) 纳税评估的指标体系

纳税评估的指标体系是最为重要的构建内容,因为指标设计得是否科学合理直接影响着纳税评估的结果,而涉税信息的准确性也影响着指标计算得是否准确。由于指标体系并不是孤立的,当然也不是单独工作的,它涉及纳税评估的很多方面,所以科学的指标体系的构建难度更大,指标体系构建主要涉及下述几个方面。

1. 纳税评估指标体系构建的内部完善

纳税评估指标是纳税评估工作中各种事项的参考值,对纳税评估工作的准确性起着至关重要的作用,所以在制定纳税评估指标时要尽量减少与现实的误差。

纳税评估指标体系的构建要坚持下述四个原则。

①全面性:要选出能够反映纳税人全貌的指标,既要考核现状,也要考察历史记录,还要观察发展趋势。此外,将定性资料和定量资料相结合,全面考虑纳税人还受到所处的环境、面临的风险、资金流向等诸方面的影响。

②可靠性:纳税评估指标的敏感度必须通过实验或实践来考察其可靠性、有效程度。

③客观性:指标选取和评估模型的设计要客观、公正、公平。

④可行性:可操作性是评估指标体系能否推广使用的一个重要因素,依托信息化手段是评估工作开展的必由之路,同时指标选取不可脱离本地税收征管实际,盲目"照抄照搬"国外评估指标和方法。

就目前税收管理工作中经常使用的指标情况来看,纳税评估指标总体上可以分为下述五类。

①企业财务类。如主营业务收入变动率、单位产品原材料耗用率,主营业务成本变动率、主营业务费用变动率、成本毛利率、资产负债率等。

②企业生产经营类。如对外投资额、进出口额、关联交易量、能耗总额等。

③税收管理类。如登记率、申报率、税负率、税负变化差异、行业税负差异、入库率、违法违章率、发票违章率等。

④外部涉税信息类。如银行资金往来信息、水电油气耗用信息、行业生产耗用国家标准值等。

⑤同行业信息类。如设备生产能力、同行业产品国际国内市场价格等。

2. 纳税评估指标体系构建的外部支持

纳税评估所需资料涉及方方面面，既需要纵向的，也需要横向的，推行纳税评估的区域范围越广，评估信息交流传递得越频繁、越及时，评估指标参考值的准确性就越高。评估工作需要掌握大量的信息资料，资料越丰富，评估结果的准确性、有效性越强。因此，要搞好纳税评估工作，仅靠税收征管资料是远远不够的，必须及时加强与工商、海关、金融等有关部门的联系，需要建立一个强大的数据处理平台，以满足纳税评估的需要。一个强大的数据处理平台应该具备接收不同信息渠道数据、具备大容量的数据储存仓库和具备智能化复杂分类处理等功能，涵盖整个纳税评估的工作流程。随着我国经济的飞速发展，对国外先进信息技术的吸收和自主开发，社会整体现代化、信息化水平得到了快速提高。近年来，税务部门的信息化建设更是高速发展，税收征管信息系统正在不断地完善中，税务部门内部的信息已经基本上实现了共享与交流。但是对于社会其他部门的信息交流还存在着很多的障碍，还有待进一步加强各部门的合作，为建立税收、工商、海关、司法、金融几大部门的共享信息系统而努力。

(四) 纳税评估的方法体系

纳税评估的方法体系包含两方面内容：一是在纳税评估业务流程各环节中使用的方法；二是纳税评估工作开展的方法。

1. 纳税评估业务流程各环节中使用的方法

纳税评估业务流程主要包括：数据采集—案头分析评估—派工核实—税务稽查—评价考核—征管建议。纳税评估业务流程中的方法也相应地分为：数据信息采集的方法、案头分析方法、实地核实的方法、税务稽查方法、评价考核方法。

2. 纳税评估工作开展的方法

实际工作中，纳税评估的开展仅仅依靠一个或几个评估指标是无法达到预期效果的，经常遇到的是，计算机初步评估出的大量问题，有待人工评析来确定，这就要求税务人员针对不同的纳税人，建立相应的纳税评估模型，并结合企业的固有特点，进行有效的评估分析。纳税评估的一般方法主要包括：投入产出法、能耗测算法、毛利率法、税负对比分析法、资金监控法等。

四、新思维、新路径创纳税评估新模式

走好税源专业化改革的道路，使这个有潜力的"新人"不断成长，值得税务工作者去

探索和思考。在分析和总结纳税评估工作现状的基础上，提出"三阶段、四重点"的模型建议：

（一）纳税评估的"三阶段"发展

第一阶段：方案驱动型、专项驱动型、行业驱动型纳税评估。

按照相关规定推进各类纳税评估项目工作，通过分析各类涉税数据，逐步把数理模型为主的多种分析方法运用到实际评估中，建立各税种、各行业的纳税评估指标体系、测算指标预警值、完善各税种的批量评估模式。第一阶段是以方案驱动型评估及专项驱动型评估为主，逐步过渡到行业驱动型专业化评估。

①方案驱动型纳税评估。着重改变"纳税人—税务部门"单向数据流的非评估型税源管理模式，主要由纳税评估部门事先预估风险，分析纳税人经营各个环节点和经营流程，识别哪些节点容易产生少缴税款的风险，从而预设指标，建立用计算机批量对碰数据、主动出击批量发掘疑点，再推送给风险应对部门核查，充分发挥税源专业化管理的优势，与传统税管员兼职人工案头评估相比较，优势明显。

②专项驱动型纳税评估。目前主要体现在房地产开发项目的土地增值税管理上，逐步发挥纳税评估在土地增值税清算中的作用，加强对从事房地产开发的纳税人专项评估，构建评估模型、建立重点预警指标，实现对房地产开发项目涉税事项的全面监控，为日后的土地增值税清算奠定基础。对已完成清算的项目按相关类别、区位和时间，收集销售价格和各项成本数据，积累形成数据库，为清算项目销售收入和扣除项目的行业平均值提供依据。

③行业驱动型纳税评估。通过方案驱动型、专项驱动型纳税评估，结合日常征管收集整理与企业生产经营相关的信息，综合分析，总结行业规律，建立行业纳税评估指标体系及其预警值，形成行业税源管理信息档案，逐步建立行业纳税评估数学模型及行业评估的专业模板。另外，定期通过税企双方的涉税约谈，收集行业性指标数据和纳税人的反馈建议，既保证行业性税收风险指标预警值的完善和实效性，也是对行业性经营纳税人税源变动管理的监控。通过行业指标对比，发现存疑企业，进行针对式的应对，充分发挥纳税评估以评促收，以评促管的作用。

第二阶段：一户式纳税评估。

在前期分税种、分行业开展针对性评估的基础上，通过信息系统对企业各税种实现全面评估，生成相关评估疑点，进行综合分析，计算纳税人风险积分，建立一户式纳税评估模板，实现一户式综合评估，并向纳税人出具纳税评估报告建议书，一方面为诚信纳税企业提供各方面的最佳服务；另一方面通过税收宣传辅导和预警服务引导评估等级较低的纳税人自行建立健全内控制度，规范财务核算，自查自纠各种违规行为，提高纳税人的税收遵从度。

第三阶段：税负式纳税评估，促进企业健康发展。

通过第一、第二阶段的积累，第三阶段的纳税评估则建立在高度信息化，纳税评估指标和模型都成熟运用的基础上，此时纳税评估重点是对纳税人的税负率的高低给予一个客观、公正的评价，实现优化税源监控，发挥税收对经济的调节作用，这样既有利于税务机关掌握税收与税源数量比例的合理性，又有利于纳税人了解税负情况，明确企业自身在行业中的定位，并作出正确的经营决策，有效夯实和涵养税源。

(二) 贯穿"三阶段"的"四重点"关键路线

前面三阶段，每一阶段都可以归结为纳税评估的一个飞跃、一次质变。要促使每个阶段的转变，必须从实际工作出发，以制度优化和规范管理为切入点，改进和完善纳税评估工作。

重点一：观念树立。我国自实行了纳税人自行申报的征管模式以来，对纳税人是否足额申报这一环节缺乏实时有力的监管，而纳税评估正好填补了这一空缺。纳税评估一方面通过对申报信息的分析核实，判断纳税人自行申报的合理性，加强了税源的监控和管理，促进征管质量和效率的提高；另一方面针对纳税人对税收政策的片面理解和税收不遵从行为，提供深层次、针对性的税收宣传和个性化服务，促使其自行改正，有利于和谐征纳关系的建立。由此可见，尽管纳税评估工作目前仍存在许多困难，但也并非是有弊无利。我国的纳税评估工作还处于起步阶段，要克服畏难情绪，加强专业知识培训，充分依赖税务人员的专业判断，采取从易到难，从少到多，从小到大的方式，从一户到一个行业，逐步积累评估经验，完善评估制度，由点到面，推而广之，起到事半功倍的作用。

重点二：体系健全。①纳税评估的法律体系。纳税评估作为日常管理、税务稽查的中间环节，对确保税收收入及时足额入库和促使纳税人知法、守法、诚信纳税等方面具有积极作用。因此，对纳税评估的概念、范围、内容、预警值指标、岗位职责、执法方式等要进一步予以明确。使评估工作有法可依、有章可循。各地也能在相关规定的指导下，统一认识，健全评估机构，完善评估管理体系，推动评估工作有效地开展。

②纳税评估的指标体系。首先，纳税评估指标体系的核心是"用什么评估"和"怎样评估"，目前我国可依据的评估指标主要是指标体系，但这些指标体系有待进一步的补充和优化。因此，应广泛应用财务和审计体系，再结合税务自有指标来构建评估体系。其次，我国采用的指标分析方法主要是建立预警机制，把纳税人的税收或财务各指标进行比

对,还要将数量经济模型应用到纳税评估工作中,通过对纳税人经营情况等方面指标进行分析,实现对纳税人的全方位分析,通过定性与定量分析相结合来提高评估分析的科学性、准确性。

③纳税评估的方法体系。纳税评估具有覆盖面广、数据量大、技术要求高等特点,因此,有效的纳税评估方法体系的建立可以提高评估结果的准确性。首先,纳税评估工作应以信息化建设为依托,着力建设电子税务信息搜集平台、国家级的纳税评估指标体系平台、大型税务信息数据库平台,实现税务信息资源共享。同时,通过开发完善强大的纳税评估应用软件,自动处理各纳税评估指标,能通过每次的评估反馈结果自动更正指标和参考数值,自动优化纳税评估体系。其次,要实行分类评估管理。大型企业或重点税源企业由专人负责,充分利用信息化系统对企业的生产经营全过程实施全方位的控制,对重点行业要建立行业税收评估指标,采取统计分析的方法监控其纳税情况,如发现问题及时进行处理。

④纳税评估流程体系。首先,要科学制定纳税评估工作步骤,规范和完善采集信息、分析审核、确定对象、约谈辅导、纳税自查、评估处理等纳税评估流程。其次,完善机构设置,设立征收、管理、评估、稽查相对接部门,形成有效的沟通协调制度,保证业务正常流动,能在规定时间内处理纳税评估系列发出的要求和及时反馈检查的结果,从而真正建立运行有效的"征稽评管"机制,形成风险的闭环管理。

重点三:信息建设。普遍的观点认为,"缺乏基本面分析支持的数据分析和指标分析是没有现实基础的,就好比空中楼阁"。纳税评估有赖于第三方信息系统采集信息,才能充分掌握纳税人的各种涉税信息,通过征管信息化处理能有效弥补人工分析的不足,减少人为因素对税收执法的影响。当前应积极推动纳税评估信息化建设,建立各部门间顺畅有效的现代化沟通协调机制。首先,应鼓励"工商、国税、地税、质监"四证合一在全国的推广,形成全社会法人、自然人、其他经济组织的统一编码体系,便于纳税人办理各种业务的同时,形成信息共享。其次,要在日常管理工作中搜集纳税人的各类涉税信息,要通过法律形式强制纳税人提供信息,与政府其他相关协税护税单位部门紧密配合,构建共享平台,统一处理涉税信息,形成统一的格式。信息处理实现从"人工为主、计算机为辅"到"计算机为主、人工为辅"的转变,才能切实加强税收管理,通过纳税评估,更好地为纳税人服务。

重点四:人力管理。纳税评估工作需要评估人员既要精通税收业务、财务会计知识,又要有广博的经济常识;既要熟悉统计方法,又要能熟练运用计算机;既要有敏锐的洞察力,又要有缜密的逻辑分析能力。这需要税务机关实施人力资源高效管理,注重人才培养,分配好人力资源。根据税务机关实际人力资源情况,认为可以从下述三个方面着手。

①建立两支队伍,分别负责纳税评估的疑点筛选和评估的实施。纳税评估的疑点筛选建议配备熟练运用计算机的税务人员,通过数据筛选对比、模型的运用等初步判断存在疑点的纳税人,推送给纳税评估实施部门。纳税评估实施部门原则上应配备精通税收业务、财务会计知识的税务干部,且应优化组合,不同年龄、不同业务层次业务水平的税务干部按一定的比例进行合理搭配。例如,年轻同志学习能力强、抗压能力较强,老同志工作经验丰富、政治素质坚定,把他们有机结合在一起,相互补充、相互补位,提高工作的质效。纳税评估实施部门将评估结果及时反馈给疑点筛选部门,疑点筛选部门根据评估结果改进评估指标,形成评估模型或典型案例。

②建立"内向式"和"外向式"交流机制。税务机关应完善交流机制,建立"内向式"和"外向式"双轨交流模式,如建议税务机关内部创办纳税评估专刊,以此为平台,促进经验的交流。又如可发挥中介机构的力量,定期与中介机构财务专业人员围绕纳税评估进行业务交流与探讨,开阔税务干部的视野,从不同的角度加深对纳税评估的理解,从而提升自身的综合能力。

③注重人才培养,科学合理地设置考核指标和激励指标。税务机关要注重评估人才培养,对评估工作涉及的税收业务、财务管理、计算机相关知识等内容进行系统培训学习,切实提高培训学习的质量和效果,培养出一批能胜任评估工作的"专家",和一支富有战斗力的评估队伍。加大干部考核工作力度,科学合理设置考核指标,对达不到评估质量要求和完成不了评估指标的,追究有关工作人员的责任。另外,应设立激励指标,鼓励纳税评估人员考取注册会计师、注册税务师资格,从根本上提高我国纳税评估人员的专业化素质。

第五章 经济管理理论与企业可持续发展

第一节 经济管理的相关理论

一、经济管理的性质

福利经济学的核心主题是一个团体中的个人的共同福利（共同福利包括由经济所决定的团体的幸福），它包含两种因素：各种条件的公式化约束；关于以上条件如何被团体中的机构加以实现的研究；对于现存的团体机构的贡献及现存的团体福利政策的批判性评价。福利经济学不仅关心公共政策（政治）对于社会价值的分配，而且关注由此带来的社会收益和社会成本问题，从稀缺性方面观察社会价值的分配。福利经济学家研究的重点：一是为实现社会福利最大化状态的条件下定义；二是关于一个经济（秩序）的组织如何影响全体社会成员的福利问题。福利经济学是围绕"共同利益问题""公共分配问题"和"社会福利问题"构建起来的，在关注社会财富增长的同时，更关注在其基础上的财富分配即社会福利问题；尽管有"不可能性定理"以及来自各方面的批评，但在公共部门经济学当中大量使用"效用""效用函数""帕累托改进""帕累托最优"及"社会福利函数"等福利经济学中的基本术语。福利经济学还是对公共部门经济活动进行规范分析的理论基础。

福利经济学从抽象的角度来说，主要讨论的是社会选择标准的界定、收入的再分配及资源的优化配置。从现实的角度来说，福利经济学利用这种标准来评价以不同制度（主要是政府和市场）为基础的经济，以便确认最理想经济的学科。福利经济学的框架建立在社会选择标准的基础之上，这包括配置效率和帕累托效率。满足这项原则的必要条件、公平理论及实施的原则、社会福利函数及各个学派的公式、社会最优选择等。

微观经济学考察作为消费者的个人和公司在市场中的行为（而宏观经济学研究总体或集合经济并检查如通货膨胀和失业一类的政策问题）。微观经济学研究家庭和企业如何做出决策，以及他们在某个市场上的相互交易；宏观经济学研究整体经济现象。在经济分析中以单个经济主体（作为消费者的单个家庭、作为生产者的单个厂商、作为消费者和生产者完成交易的单个市场）的经济行为作为研究对象的，称为微观经济学。微观经济学将经济行为的基本主体分为两大类：个人和企业。个人一方面是消费者，另一方面是生产要素（劳动、资本、土地、才能）的所有者；企业即生产单位，一方面是商品的生产者，另一方面是生产要素的需求者。微观经济学研究这些经济行为主体，如何在一系列既定的假设条件下，在市场机制中，通过价格机制，最终实现自己利益的最大化和资源的最佳配置，并使经济达到一般均衡。

二、经济管理的职能

（一）要明确政府的经济管理职能有哪些

只有明确了政府经济管理职能的范围，政府在管理经济时才能明确"哪些可为，哪些不可为"。经济职能是行政管理最重要的职能，经济职能作为上层建筑必然要为经济基础服务。政府的大量工作是对国家经济进行管理，包括合理配置资源、保持经济均衡发展提高国力、促进社会进步、改善民生等。政府管理经济的职能，主要是制定和执行宏观调控政策，搞好基础设施建设，创造良好的经济发展环境。同时，要培育市场体系，监督市场运行和维护平等竞争，调节社会分配和组织社会保障，控制人口增长，保护自然资源和生态环境。管理国有资产经营，实现国家的经济和社会发展目标政府运用经济、法律和必要的行政手段管理国民经济，不直接干预企业的生产经营活动。明确政府管理经济职能的范围是政府高效能管理经济、促进经济发展的前提条件。

1. 预测职能

经济预测，就是对客观经济过程的变化趋势所做出的预料、估计和推测。经济预测是经济决策和经济计划的科学前提，是正确认识经济环境及其变化的必要条件，是提高经济效益的必要保证，经济预测应遵循的原则：系统性原则、连续性原则、类推原则。经济预测的一般程序和步骤：确定预测的目的和任务；收集和分析有关资料；选择预测方法，进行预测计算；对预测结果进行评定和鉴别。经济预测的方法有两类，一是定性分析预测法，二是定量分析预测法

2. 决策职能

经济决策，是指人们在经济管理活动中，对未来经济和社会发展目标、发展规划、行动方案、改革策略和重大措施等所做出的选择和决定。经济决策的程序：调查研究，提出

问题；确定目标，拟订方案；方案评估，择优决断；实施决策，追踪反馈。经济决策具有重要的意义和作用：经济决策是经济管理的核心内容，它决定着不同层次、不同范畴的经济活动的发展方向；经济决策贯穿了经济管理的整个过程；决策的正确与否，决定着经济建设的成败和经济效益的高低；经济决策对社会政治和人们的心理也产生重大影响。

3. 计划职能

经济计划，是指人们按照经济的内在联系，对未来经济活动的发展过程所做的具体安排与部署。经济计划在我国的经济管理活动中仍具有重要的作用。我国的社会主义计划体系是由经济发展计划、社会发展计划和科学技术发展计划等多种计划系列所组成的。计划职能是指根据组织的内外部环境并结合自身的实际情况，制定合理的总体战略和发展目标，通过工作计划将组织战略和目标逐层展开，形成分工明确、协调有序的战略实施和资源分配方案其步骤包括：选定目标；确定前提条件；发掘可行方案；评估方案；选定方案；拟定辅助计划；进行相应的预算，用预算使计划数字化；执行计划经济计划的原则包括：长期计划、中期计划与短期计划相结合；稳定性与灵活性相结合；可行性与创造性相结合；量力而行与留有余地相结合。

4. 控制职能

经济控制，是指为了保证决策目标的实现和计划的完成，而对经济活动过程进行检查、监督和调节的管理活动。经济控制必须具备三个前提条件，即控制要围绕目标、控制要按标准进行、控制要有组织机构。经济控制，按控制的系统关系可分为自力控制和他力控制；按控制的实施方式可分为直接控制和间接控制；按控制活动和经济运行过程中实施的时间不同，可分为预防控制、现场控制和反馈控制以上三种控制方式的具体内容不同，因而实施控制的效果和要求也是不同的。经济控制的方法有会计控制、预算控制、审计控制、人员行为控制等。

5. 监督职能

经济监督，是指对经济活动的监察或督导。监察就是监督和检查经济活动参与者的经济行为是否符合各种法律、政策、制度等有关规定；考察经济活动是否符合原定目标的要求，如不符合，则需要查明出现偏差和导致失误的原因。督导就是对经济活动的督促和引导，纠正偏差，确保经济活动的有效运行。

对社会经济活动实行经济监督，有其客观的必要性。这种必要性可以主要从生产力和生产关系两个方面来考察。在我国市场经济发展的现阶段，要保持正常的经济活动的进行，仍须要进行经济监督。因为在我国目前还存在着多种所有制形式，而不同的所有制经济组织之间必然存在着不同的经济利益;在分配方面,我国贯彻的是"各尽所能,按劳分配"的原则;从我国的现实情况看,在发展社会主义市场经济的整个过程中,还会有各种破坏社会主义经济秩序的违法犯罪活动发生;等等。

经济监督的内容是多方面的,就当前我国的实际情况来看,经济监督的主要内容有计划监督、财政监督、银行监督、工商行政监督、质量监督、安全监督、财务监督、审计监督等。

经济监督的实施过程中须要注意以下问题:要加强经济监督的组织建设、制度建设和思想建设;要严格按照经济监督的过程进行监督;要在经济监督过程中,搞好计划、核算、分析和检查四个环节。

6. 激励职能

激励职能,就是管理者运用各种刺激手段,唤起人的需要,激发人的动机,调动人的内在积极因素,使其将储存的潜能发挥出来的管理活动。

激励职能的特点:作用的普遍性和持续性,变化性和差异性,不可测定性。

激励职能的类型有:目标激励,奖罚激励,支持激励,关怀激励,榜样激励。

激励理论主要有:ERC 理论,期望理论,公平理论。

(二) 要正确定位政府在经济活动中的地位

在以市场经济为主要资源配置方式的社会经济中,政府的重要责任是以弥补市场失灵而确定的配置、稳定和分配等的责任。政府的资源配置职责是由政府介入或干预所产生的。它的特点和作用是通过本身的收支活动为政府供给公共产品提供财力,引导资源的流向,弥补市场失灵的缺陷,最终实现社会资源的最优效率状态。政府的宏观调控与市场调节都是调节经济的手段,在一般情况下,社会主义市场经济体系中是以市场调节为主,国家宏观调控为辅的,国家的宏观调控是为了弥补市场调节的不足,政府对经济的干预不能被认为是调节经济的唯一手段。但是在市场失灵的情况下,政府宏观调控的作用就处于主导地位因为有些在市场经济运行中出现的问题,如市场垄断等是不可能凭借市场调节就能解决的,要使市场正常运转,就必须要政府的干预,此时政府就要发挥国家对市场经济的宏观调控的作用。政府宏观调控的手段主要有经济手段、法律手段和必要的行政手段,在市场失灵的情况下,就要综合运用政府宏观调控的各项手段,稳定经济,促进经济的发展。正确定位政府在经济活动中的地位是政府对经济管理"有所为,有所不为"的必要条件。

(三) 完善监督制度，充分发挥行政体系内部的监督和行政体系外部的监督的作用

通过监督可以及时反映政府"越位"或"错位"等的行为，使相关部门能早发现、早纠正。通过完善监督制度，使政府相关部门在干预经济时始终保持警惕心理，牢牢把握经济管理的权限，在经济发展过程中，把该管的管好，不该管的就不要管，不至于造成政府干预经济发展过多的局面；同时也能促使政府工作人员提高工作效率，在处理经济问题时保持高效这是政府在经济管理时做到"有所为，有所不为"的重要保证。

(四) 政府在进行宏观调控时要抓好软硬两个环境的优化

一方面，抓好行政环境建设。通过建设良好的服务环境、法制环境、市场环境、政策环境、社会诚信度等软环境，着力营造"亲商、安商、尊商、富商"氛围。为行政相对人提供满意的服务是党的宗旨决定的，是参与全球经济竞争和市场经济发展的客观需要。随着改革开放的深入、民主建设进程的加快，行政相对人的民主意识、法治意识、竞争意识和参政意识不断增强，对政府提供公共产品的要求也越来越高，政府要切实负担提供治安、教育、交通、国防、外交、医疗、环保、民政、社保等公共服务职责，保证为行政相对人提供全程配套到位的服务。提高政府办事效率，搞好勤政廉政建设，一切按规矩去办，提高办事透明度，反对权钱交易，以良好的形象树立县级政府领导经济建设的权威。政府的实体管理和程序管理都必须公开、透明，特别是与人民群众利益密切相关的行政事项，除涉及国本、国家机密、经济安全和社会稳定的以外，都应向社会公开，给行政相对人以更多的知情权和监督权，增强透明度和公众参与度。特别是要加强政策法规的透明度，包括对政策法规的宣传力度，建立统一有效的政策信息网络，做到政策法规信息的及时发布、及时宣传、及时更新。行政管理的手段要以便捷、多元化为标准，充分利用现代科技和联络方式，如邮寄、电话、传真、网络等，实现具体行政行为，如行政审批、许可、确认、给付的管理高效。在行政审批制度改革中，要遵循低成本、高效率的原则，把多级审批改为一级审批，把多部门分别审批改为整体联动审批，把数次审批改为一次审批，并提供规范的标准化流程。另一方面，要抓好基础设施硬环境的改善，本着"规划超前、布局合理、功能完善"的原则，加快城区建设，提升城市品位，完善城市功能，增强对外吸引力。搞好水、电、路和通信等基础设施建设，高标准、高起点地建设行政区、文体活动区、商住区、工业区、商贸区，为招商引资创造良好条件。这是政府在经济管理中发挥高效能的重要途径。

三、经济管理的内容

（一）对人力的管理

人力资源的概念：人力资源有狭义和广义之分。从狭义上讲，人力资源是指一个国家或地区在一定时期内所拥有的处在劳动年龄阶段、具有劳动能力的人口。从广义上讲，人力资源是指一个国家或地区在一定时期内的客观上所存在的人口，包括在该时期内有劳动能力的人口和无劳动能力的人口。研究人力资源要防止表面化和简单化，要对人力资源进行全面的动态的研究。

人力资源的特点：能动性和创造性，时效性和连续性，动态性和消费性，再生性和适度性。

我国搞好人力资源开发与管理工作应采取的措施：实行计划生育，为人力资源开发创造良好的先决条件；发展教育事业，提高人口质量；广开就业门路，以创业带动就业，发挥人力资源潜力；建立人力资源开发的市场机制，达到人尽其才；挖掘企业劳动者潜力，充分调动其生产积极性。

（二）对财力的管理

财力及其运动：财力是指在一定时期内的一个国家或地区所拥有的社会总产品的货币表现。财力的运动过程可以概括为：财力的开发（生财）、财力的集聚（聚财）和财力的分配使用（用财）三个环节，财力运动的这三个基本环节，相互联系，相互制约，相互促进。生财是运动的起点和归宿，是聚财和用财的前提；聚财是运动的中间环节，是生财和用财的制约因素；用财是为了生财，用财和生财互为目的。财力的集聚与使用：财力集聚的对象，就是国内社会总产品的价值和国外资金市场中的游资，其中国内社会总产品价值中"M"部分是国家财力集聚的重要对象。财力集聚的主要渠道有财政集资、金融机构集资和利用外资。在我国目前的市场经济发展中，除了搞好财政集资外，尤应重视金融机构集资和利用外资。财政集资的主要特点是强制性和无偿性，金融集资的主要特点是有偿性和周转性。财力使用应坚持的原则：统筹兼顾，全面安排；集中资金，保证重点；量力而行，留有余地；搞好财力平衡。

（三）对物力的管理

物力的概念和物力管理的内容：物力是能够满足人类生产、生活需要的物质的总称，包括物质资料和自然资源两大部分。物力管理的内容有两方面：一是物力的开发、供应和利用；二是自然资源的保护。

物力管理的基本任务：遵循自然规律和经济规律，按照建设资源节约型、环境友好型社会的要求，结合经济发展和人民生活的需要，开发、供应、利用和保护好物力资源，形成节约能源资源和保护环境的增长方式、消费模式，以合理地、永续地利用物力，促进经济和社会事业的不断发展，推动人类文明和进步。

对自然资源开发利用与管理工作的要求：根据国家主体功能区的划分，制定自然资源开发利用与管理规划；按照可持续发展要求，适度开发利用；发展循环经济，综合利用资源，提高资源利用效率；建设生态文明，有效保护自然资源，搞好环境保护工作。

（四）对科学技术的管理

科学技术的概念：科学是人类实践经验的概括和总结，是关于自然、社会和思维发展的知识体系技术是人类利用科学知识改造自然的物质手段和精神手段的总和，它一般表现为各种不同的生产手段、工艺方法和操作技能，以及体现这些方法和技能的其他物质设施。

科学技术管理的主要内容：制定科学技术发展规划，着力突破制约经济社会发展的关键技术；组织科技协作与科技攻关，积极推广应用科研成果；注重提高自主创新能力，抓好技术改造与技术引进；加强创新型科技人才队伍建设。

（五）对时间资源的管理

时间资源的特性：时间是一切运动着的物质的一种存在形式。时间资源具有不可逆性，具有供给的刚性和不可替代性，具有均等性和不平衡性，具有无限性和瞬间性。

时间资源管理的内容：时间资源的管理，是指在同样的时间消耗的情况下，为提高时间利用率和有效性而进行的一系列控制工作。时间资源管理的内容，概括地说包括对生产时间（即从生产资料和劳动力投入生产领域到产品完成的时间）的管理和对流通时间（即产品在流通领域停留的时间）的管理。

时间资源管理的基本途径：规定明确的经济活动目标，以目标限制时间的使用；制订详细的计划，严格控制时间的使用；优化工作程序，提高工作效率，充分挖掘时间潜力；保持生产、生活的整体合理安排休息和娱乐时间。

第二节　现代管理与经济管理者的素质培养

一、现代管理的基本原理

（一）系统原理

所谓系统，就是由相互作用和相互依赖的若干部分（要素或子系统）结合而成的、具有特定功能的并处于一定环境中的有机集合体。系统是普遍存在的，从不同的角度划分，系统可分为不同的类型。

任何管理对象都是一个特定的系统，现代管理的每一个基本要素都不是孤立的，它既在自己的系统之内，又与其他系统发生各种形式的联系。为了达到现代科学管理的优化目的，必须对管理进行充分的系统分析。这就是现代管理的系统原理。运用系统原理研究管理问题，必须明确：系统由哪些要素组成；系统内外部之间的作用方式和联系方式；系统及其要素具有的功能；系统的生产、发展过程对现存系统的影响，以及发展的趋势；维持、完善与发展系统的源泉和因素；完善系统功能的途径。

管理的决策和措施就是建立在上述的系统分析基础之上的，其中特别重要的是要把握好系统的四个特性，即目的性、整体性、层次性、环境适应性。

（二）人本原理

所谓人本原理，就是指一切管理活动均应以调动人的积极性，做好人的工作为根本。在我国社会主义现代化建设中，必须遵循人本管理原理，从保护人的根本利益出发。尊重人的合理意愿、维护人的基本权益，促进人的全面发展，采取各种有效措施，把各级各类管理人员和所有劳动者的积极性、主动性和创造性充分调动起来，才能实现我们的奋斗目标。因此，一要建立适宜的体制，二要创造良好的环境三要树立正确的人才观，积极促进人才流动。

（三）责任原理

在管理活动中，要在合理分工的基础上明确规定每个部门和个人必须完成的工作任务并承担相应的责任，同时要处理好责任、权力、利益之间的关系。管理过程就是追求责、权、利统一的过程；职责、权限、利益是三角形的三个边，是相等的。能力是等边三角形的高。在实际管理中，能力略小于职责，从而使工作富有挑战性。这样，管理者的能力与其所承担的职责相比，常有能力不够的感觉，会产生一种压力，从而促使管理者加强学习，不断学习新知识，并且可以发挥参谋、智囊的作用。使用权力时，会做到谨慎小心，工作本身就是工作的一种动力。当然，能力不能过小，以免承担不起职责所需要的能力。也有人认为，高层次应是能力略大于职责，而中低层管理人员职责能力略小于职责好些。

（四）效益原理

管理活动的出发点和归宿，在于利用最小的投入或消耗，创造出更多更好的效益，对社会作出贡献。"效益"包括"效率"和"有用性"两方面，前者是"量"的概念，反映耗费与产出的数量比；后者属于"质"的概念，反映产出的实际意义。效率表现为量与质的综合，社会效益与经济效益的统一，其核心是价值。效益原理强调千方百计追求管理的更多价值。追求的方式不同，所创造的价值也不同，一般表现为下列情况：耗费不变而效益增加，耗费减少而效益不变，效益的增加大于耗费的增加，耗费大大减少而效益大大增加。显然，最后一种是最理想的目标为了实现理想的管理效益，必须大力加强科学预测，提高决策的正确性，优化系统要素和结构，深化调控和评价，强化管理功能。

（五）创新原理

创新是组织要根据内、外环境发展的态势，在有效继承的前提下对传统的管理进行改革、改造和发展，使管理得以提高和完善的过程创新原理是对现有事物构成要素进行新的组合或分解，是在现有事物基础上的进步或发展，是在现有事物基础上的发明或创造。创新原理是人们从事创新实践的理论基础和行动指南。创新虽有大小、高低层次之分，但无领域、范围之限。只要能科学地掌握和运用创新的原理、规律和方法，人人都能创新，事事都能创新，处处都能创新，时时都能创新。

（六）可持续发展原理

可持续发展既不是单指经济发展或社会发展，也不是单指生态持续，而是指以人为中心的自然—经济—社会复合系统的可持续。可持续发展是能动地调控自然—经济—社会复合系统，使人类在没有超越资源与环境承载能力的条件下，促进经济发展、保持资源永续和提高生活质量。可持续发展没有绝对的标准，因为人类社会的发展是没有止境的。它反映的是复合系统的动作状态和总体趋势。可持续发展包括生态持续、经济持续和社会持续，它们之间互相关联而不可分割。孤立追求经济持续必然导致经济崩溃，孤立追求生态持续不能遏制全球环境的衰退。生态持续是基础，经济持续是条件，社会持续是目的。人类共同追求的应该是自然—经济—社会复合系统的持续、稳定、健康发展。

（七）动力原理

所谓动力原理，就是指管理必须有很强大的动力，而且只有正确运用动力，才能使管理持续而有效地运行。

管理的动力大致有三类，即物质动力、精神动力和信息动力。物质动力是管理中最根本、最重要的动力，是通过利用人们对物质利益的追求，对经济活动实施管理；精神动力，就是用精神的力量来激发人的积极性、主动性和创造性；信息动力，就是通过信息的交流所产生的动力。

现代管理中正确运用动力原理应注意把握三点：一要综合、协调运用各种动力；二要正确认识和处理个体动力和集体动力之间的辩证关系；三要在运用动力原理时，要重视"刺激量"这个概念。

（八）能级原理

现代管理中，机构、人员的能量有大小之分，当然也就可以分级，所谓分级，就是建立一定的秩序、一定的规范和一定的标准现代管理的任务，就是建立一个合理的能级，使管理的内容动态地处于相应的能级之中。这就是现代管理的能级原理。

现代管理中科学运用能级原理，应注意把握三点：一是能级管理必须按层次进行，并且有稳定的组织形态；二是不同的能级应表现出不同的权力、责任、物质利益和精神荣誉；三是各类能级必须动态地对应。

（九）时空原理

所谓时空原理，是指现代管理是在一定的时间和空间内进行的，只有充分地把握时空变化情况，科学地、合理地、高效地利用时间和空间，才能取得管理的高效益。

由于时间空间的变化与运动着的物质状态密切联系，所以，在现代管理中观察任何事物运动的时候，就一定要注意其时空变化。时空的变化一般有以下几种情况：一是系统结构随时间的变化而变化，二是系统的结构随着空间的变化而变化，三是系统运动状态变化的速度与时间空间的变化是一致的，四是时空与空间可以变换。

二、经济管理者素质及培养

所有直接参与经济管理活动的人员都可称为经济管理者。经济管理者应具备的基本素质，主要有五个方面的内容，即思想素质、知识素质、心理素质、业务素质和身体素质。根据我国的实际情况，培养经济管理者应从以下几方面考虑：努力发展教育事业，为经济管理者的培养打下良好的基础；动员社会各方面的力量培养经济管理者；从我国实际出发，在实践中培养经济管理者；选拔经济管理者，是正确使用经济管理者的前奏。能否选拔出合格的经济管理者，关系着一个国家、部门和企业经济发展的成败。选拔经济管理者，要坚持正确的选拔标准；破除论资排辈观念；不论文凭，要论才能，经济管理者的培养、选拔和使用，是一个有机的整体，三者缺一不可，培养和选拔是手段，只有使用才是目的；使用经济管理者应做到：知人善任，任人唯贤，大胆使用，追踪考评。作为新经济核心的创新，不仅包括技术创新、观念创新、制度创新、组织创新和营销创新等方面的内容，更重要的还应该有企业经营管理者的创新。

新经济时代必须有众多的新型经济管理人才，全面树立新观念、掌握新知识、运用新方法，才能提高我们企业的整体素质，从而面对新经济和日益复杂多变的全球化竞争的挑战。

管理者的创新意识。新经济是以高科技为主导，以网络和信息为主要载体的经济。与传统经济的主要差别是，知识在经济发展中的作用大大增强，科技成果产业化、市场化的速度加快，传统产业必须运用高新技术的成果进行技术改造，提高效率，开发新产品，提高产品质量。

管理者的人格魅力。电子商务、网络经济给企业带来了新的运作模式，通过技术化管理和技术，企业各个部门，企业与上下家的合作伙伴不再是条块分割、各自为政，而是形成了环环相扣的链条这种新的运作模式对业务员、业务经理提出了更高的要求，如在谈判中必须确信自己的观点清晰、准确、有效；自信靠自己的交际能力和技巧能够战胜对手，只有具备这样的心理素质和人格魅力，才能展现有别于他人的风采，就会给对手传递一种感知感觉的信息。人在感官上的互相交流是十分重要而又极其微妙的。

同样，新型经济管理人才作为企业领导者，无论是从企业员工队伍的管理，从目标设定到业绩考核，还是从激励措施到行为规范，都必须贯穿独特的、充分展示自己人格魅力的领导方法和手段。才能将全体员工凝聚在一起，共同为提高自己企业的产品实力和服务质量奉献光和热。

新经济时代要求每一位企业领导和全体职工，具有不断学习的精神，只有不断地更新自己的知识，才能完成企业整体知识、素质的动态积累。一个合格的新型经济管理人才，应思考利用 EC 系统整合自己的知识和经验，将点织成线，连成面，并立体化，将分散的知识系统化，从而才能在复杂的经济环境和激烈的市场竞争中，解决众多难题。

在新经济条件下，企业管理者必须发扬团队精神，群策群力，才能"众人拾柴火焰高"。为了取得销售成功，必须具有合作精神和良好的倾听技巧，而且还要把别人的需要放在首位，兼听则明，偏信则暗。管理是一门科学，新经济时代的企业管理者更需要在打破传统企业的管理模式下，创造自己全新的能够解决在创办和经营过程中，从容面对各种障碍与问题的全新方式，从管理的基本技能，如策划、授权、领导等，到人力资源管理、团队建设再运用高科技手段研发产品，占领市场额的过程中，紧紧依靠企业领导一班人，靠车间科室、班组的中层干部和骨干力量，充分发扬团队精神，利用大家的智慧去为企业的发展壮大出力，从而掌握经营现代企业的技巧，认真借鉴和汲取优秀企业的有益经验，采用他们的管理技术、方法和手段，把自己企业经营管理和竞争能力提高到新水平。

经济管理重在提高企业的竞争实力。新经济是以高科技为主导，网络和信息为主要载体的经济，与传统经济的主要差别是，知识在经济发展中的作用大大增强科技成果产业化、市场化的速度加快，科技从潜在生产力向现实生产力转化的速度加快，使企业提高竞争实力。调整产业结构，开拓市场，起着相当重要的作用，正如企业家们形象的比喻，科学技术是企业保持健康发展、步入良性循环的火车头，而企业的全体员工特别是经营管理者，更像是驾驶火车头的司机。企业整体素质的高低，决定着企业的兴衰成败，决定着能否在日趋白热化的国际市场竞争中，始终占有自己的一席之地。因此，新型经济管理人才必须在产品开发、企业计划、咨询管理、投资、商务谈判、市场营销、客户服务以及网络经营、企业文化等一系列问题上通晓新经济，掌握新知识，努力提高企业的竞争实力，才能满足现代企业发展的需要，把我国企业经营管理和竞争能力提高到新水平。

要全面促进企业的技术创新。在新经济条件下，企业必须面向市场进行研究开发，把市场需求、社会需求特别是广大消费者的需求，作为技术新的基本出发点，而且在创新全过程中的各个环节都要贯彻营销观念即技术创新必须为市场竞争所需要，必须能给企业和市场购买者、广大消费者带来实实在在的利益。

要全面推动营销观念创新。所谓营销观念也就是企业在开发市场营销管理的过程中，在处理企业、顾客和社会三者利益方面所持的各种思想和经营哲学，顾客对企业的取舍会在瞬间完成，决定作用是企业的市场营销绩效，包括市场份额、品牌美誉度、顾客满意度和顾客忠诚度等。企业经营管理者必须清醒地认识到，市场营销是当今商务活动中最重要的事情，因为市场营销是以各种各样的方式存在着，包括吸引顾客、使他去放心购买、买得舒心、用的称心，再购买或通过他们的嘴去向其他顾客宣传，形成良性循环，做生意还有比这些更重要的吗？难道企业家还能做没有顾客的生意不成？

要全面实施新型配合资源共享的企业发展战略。国家工信部有关专家指出，我国的企业经营管理者认识到新产品的研究开发只是技术和产品成功的一个环节，一个创新技术要真正获得市场意义上的成功和客户的认可，必须将生产市场销售服务这些有机的环节通过管理形成一个成功的连接关系，才能保证其真正的成功。因此，企业的发展战略应是新型经济型人才充分调动全体员工的工作热情，实现新型配合、资源共享，从而将其才干、知识、技术得以发挥最大化。

要让用户更实惠、更满意。面对以用户需求为中心的新经济时代的来临，新型经济管理人才必须在充分了解市场需求的前提下，以务实的精神积极为用户提供更实惠、更满意的服务，因为实用、时尚、个性等销售需求，已悄然成为当今时代市场经营的中心点，让用户真正成为交易的最大受益者，将是市场营销活动中一种全新的经营理念，必将现代规范化的企业管理理念融于产品之中，根据用户的实际信息应用能力，充分挖掘各种有效的企业管理资源，如在计算机软件的延伸服务方面，根据用户特定的业务应用环境，如相应的网络应用环节、计算机操作平台、业务系统管理、账务系统管理、操作人员素质等多方面因素，为用户提供诸如企业计算机化管理方案、人员培训、技术支持、顾问服务和在线咨询等多种人性化的企业财务业务管理解决方案，最大限度地满足用户的实际应用需求。

新经济时代的到来和发展，突破了传统经济学的若干原理和规律——新经济条件下出现的许多经济现象，用传统经济学难以圆满解释，新经济呼吁着新的经济学的出现，更呼唤着众多的通晓新经济、掌握新知识的新型经济管理人才涌现，肩负起我国大中型各类企业管理的重任，从容面对国际一流竞争对手的挑战，从而进一步加快我国经济现代化的步伐。

第三节　企业可持续发展与财务

一、企业可持续发展

产品和服务溢价能力、成长性、资产管理水平、资本收益、债务能力和品牌形象是企业可持续发展不可或缺的财务要素。在这些财务要素的推动下，只有把握好、控制好、配置和管理好企业的资源，才能实现企业可持续发展目标。

（一）公司溢价能力

当产品和服务有溢价能力时，公司发展才具有可持续性。可持续发展公司有着相同的经营特质：溢价能力高、市场占有率高和品牌知名度高。像可口可乐的差异性和沃尔玛的成本领先都是溢价能力的杰出代表。在销售成长中，持续稳定的销售毛利率是衡量公司溢价能力最典型的财务指标。

（二）公司成长性

成长性为公司溢价能力提升了话语权，为可持续发展增加了抵御风险的筹码。

资产价值是公司经营规模及其多样性的财务表现。拥有亿万资产的公司也是从小到大发展起来的，经历过无数的经济周期和危机的洗礼，在风雨中成长，在沉沦起伏中把管理做得更加规范，把抵抗风险能力锤炼得更加坚强。经营规模小、投资机会少、抵御风险能力弱。经营规模大、收入来源多，可以减轻公司财务对经济周期的依赖性，度过经济萧条的严冬。资产增长为公司产品服务成长保驾护航，是产品服务增长的必要条件，不是充分条件。尽管资产增长不一定能够带来产品服务增长的可持续性。但如果没有资产增长，产品服务可持续增长就变得不可能。

（三）资产管理水平

在评价流程管理效率方面，资产周转率是综合反映资产利用效率的财务指标其他资金周转指标只不过反映了局部的资产使用效率。公司在追求高的存货周转率时，很可能导致低的应收账款周转率的出现。按下葫芦浮起瓢，各种资产组合效果最终要靠资产周转率担当。在正常经营环境下，资产周转率的波动性是考虑公司管理流程稳定性的财务指标。只有稳定的管理流程，公司发展才具有可持续性，在无数小决策下，公司资源和能力才能得到充分挖掘和利用。在可持续性发展方面。小决策胜于大决策，树大招风。大决策容易被竞争对手识别和模仿，无数小决策及其组合拳是竞争对手难以模仿的，是买不走、学不会、偷不去的。沃尔玛资产周转率始终保持在4次以上，竞争对手顶多只有2次，沃尔玛的大决策昭然若揭，小决策鲜为人知，为沃尔玛可持续发展添砖加瓦。除了金融危机影响外，格力电器的资产周转率呈稳步上升的态势，显示格力资产管理水平在不断改善和稳步提高，具有可持续发展的特征。

（四）公司资本收益

高的净资产收益率为每股收益可持续上升提供了动力。净资产收益率是衡量公司为股东创造财富的指标。其缺点是没有将借入资本与股权资本同等看待，后果是高的净资产收益率可能隐藏着巨大的财务风险。净资产收益率与财务杠杆之间某种关系，掩盖了公司真实的获利能力。打通债务资本与股权资本界限，消除资本结构对评价公司盈利能力的影响，要用到资本收益率。资产净利率把不需要付息的流动负债纳入囊中。因流动负债的波动将直接触发资产净利率的波动，同样模糊了人们对公司盈利能力的评价。从融资角度来看，可持续发展表现为公司能够从资本市场上，不断地筹集发展所需要的资本，保持高的资本收益率是公司可持续融资的市场要求。

（五）债务能力

在评价公司债务能力上，资产负债率因忽略无形资产（如品牌）的价值而存在缺陷。就可持续发展财务而言，处于相同的生命周期，同行业的公司资本结构都应具有相似性。只有这样，财务才不在可持续上给公司发展添乱。衡量公司债务能力比较到位的指标是已获利息倍数和市值资产负债率债务能力与公司盈利及其稳定性藕断丝连，已获利息倍数实质上是与盈利相关的财务指标，通过盈利超过利息倍数表达公司债务能力，并通过提高倍数消除盈利波动性影响，维护公司可持续发展形象。市值资产负债率是市场对公司未来盈利预期的结果。隐含地表达了公司无形资产的价值。市值资产负债率低，是资本市场基于公司未来发展对其偿债能力的强力支持，在可持续发展道路上，债务能力至少不会给公司经营添堵。

（六）品牌形象

溢价能力与品牌形象相关：品牌形象要么使公司处于市场领先地位，提升市场占有率。要么维持顾客对品牌的忠诚，让顾客支付高价钱，避免恶性价格竞争。品牌形象要靠广告媒介吆喝，要有营销渠道支持。在公司财务上，品牌形象可以通过销售费用与营业收入的比较来表达，将品牌形象从产品服务层面延伸至公司层面，要有可持续研发费用支持和营销战略投入按照国际现行标准，研发费用与营业收入之比，持续低于1%，企业生存可能面临问题，更不用说可持续发展了。研发费用是衡量企业竞争和发展潜力的指标，财务上能够反映公司整体品牌形象的指标是托宾的Q，托宾的Q是用来反映企业市场价值与重置资产账面价值关系的指标，投资者用来测量公司未来盈利潜力，只有托宾的Q是大于1的增长，公司投资才能为公司股东创造财富，这样的增长才是真实的，公司发展才具有可持续性。

二、企业可持续发展财务战略的内涵与特点

我们可以将企业的财务战略分为四个部分：资本运营战略、投资战略、筹资战略、收益分配战略。为了实现企业的可持续发展，在财务战略的实施中需要融合发展理念与有机发展理念有效结合在一起，以企业可持续发展的财务战略目标为基础和前提，重点平衡企业的风险和现金收益，充分考虑企业实际的发展情况和所处的行业发展背景，保证制定的财务战略目标与企业的实际经营目标相一致，制定科学、完善的财务体系，提升企业可持续发展的能力。在筹资战略方面，要满足企业投资战略和整体战略的发展需求，充分考虑企业内部环境和外部环境特征，详细的、系统的、长远的谋划企业的筹资渠道、筹资目标和筹资方式等。在对筹资战略进行规划时，要保证资本结构的科学性与合理性，不仅要考虑企业实际的偿债能力，而且要考虑筹资成本率问题。企业的领导者和管理人员不仅要考虑企业可能会遇到的财务风险，而且要考虑企业实际的盈利情况。在投资战略方面，为了实现稳定、长远的发展，企业必须适当地扩大生产规模，进而不断增加企业的经济收益，同时这样也有利于实现企业股东利益的最大化。在投资战略具体的实施中，企业要以提升自身的核心竞争力为核心，充分发挥长期竞争的优势，站在战略的高度去审视问题，了解发展形势，进而实现投资战略决策的合理化和科学化。在收益分配战略方面，在收益分配战略的实施中，要以实现企业可持续发展为出发点和落脚点。首先要全面掌握和了解企业滚动发展与股东投资回报之间的关系，不仅要实现企业股东利益的最大化，而且要为企业的后续发展提供足够的资金支持。其次，要有效平衡股东利益和员工利益，在和谐发展与知识资本的背景下，有效激励员工，为企业的可持续发展提供强大的动力。在资本运营战略方面，为了加快企业的发展速度，企业间要实行并购，在实际的并购过程中，企业的管理人员要充分考虑并购是否能够增强企业的核心竞争力，无论是横向并购，还是纵向并购都要以专业化的角度，制定收购目标，坚持以核心业务和主导产品为基础和前提，以企业的核心发展为重要依托，通过扩展横向多元化和纵向多元化的产业链来避免进入缺乏战略关联和没有竞争优势的领域中。

三、可持续发展企业战略目标实施的要点

真正贯彻和落实财务战略是企业可持续发展的重要步骤，为了保证企业财务战略目标的顺利实施，需要做到以下几点：首先，要全面提升企业财务人员的综合素养，增强财务人员的执行能力。财务部门是企业财务管理的核心部门，财务人员则是财务战略实施的重要引导者，财务人员要深入研究各个生产经营环节，制定科学合理的财务战略落实措施。

其次，要实施全面的预算管理工作，合理优化和配置企业中的资源，引领企业按照财务目标的方向发展。最后，健全和完善财务预警制度，有效衡量企业生产经营的价值，反馈企业的基本财务信息，有效避免企业财务发展过程中出现的财务危机。

四、企业可持续发展财务战略的基本模式

企业可以在可持续发展的不同周期使用不同的财务战略，主要分为以下几个阶段。

（一）创业初期

在企业刚刚创立的阶段，企业的财务实力比较薄弱，这时企业要将财务战略制定的重点放在筹集生产资金上，重点执行筹资战略。筹集资金最佳的途径是使用资本权益法，而不是使用负债法。在刚开始创业的阶段，企业的收益水平较低，对于投资的需求量较小，因此可以适当地实行零股利政策，如果要分配股利的话则要使用股票股利分配方式。

（二）发展期

在企业进入发展时期后，销售量会持续增长，有足够的运行资金，这有效地降低了企业的经营风险。企业在发展时期实施财务战略要注意以下几点：首先要合理分析企业的发展速度，每个企业的发展都会受到各种因素的影响，其中财务因素是最重要的影响因素。企业要全面掌握和了解市场发展情况，抓住市场发展机会，合理地配置和利用有限的资源。其次，企业要合理地规划投资项目，提高商业信用管理水平和管理质量，提供全面的、有效的财务战略服务。同时企业在发展时期使用各种方式来扩大生产规模，合理利用企业收购、兼并和控股等方式。

（三）衰退期

在企业发展的衰退期，企业不仅要缩减发展规模，而且要继续扩张。为保证财务战略实施的有效性，企业要及时发现财务问题并且有效解决财务问题。首先，企业要加强财务工作的集权化，制定相关的财务制度；其次，企业要加强对现金流的管理，合理削减费用，在一些新的领域中投入适当的资金，合理优化和调整股权结构，专卖部分财产和股权。如果企业的子公司和分流公司的现金流具有一定的危害性，那么企业要主动进行财务清算，防止出现更严重的经济损失和财务损失。最后，企业要全面、仔细地评估新投资领域，分析投资的可行性，进而有效解决实际经营中遇到的财务问题。

（四）调整期

企业在发展的调整期要确定以下几方面的工作任务：首先，要进一步健全和完善治理结构，健全和完善约束和激励制度。在企业的调整时期自由资金的现金流量较大，管理者进行资源的无效投资是需要重点关注的问题。其次，企业要加强成本控制工作，充分发挥成本的优势，加强内部控制，实现利益最大化。最后，企业要保证制度的规范性，有效降低风险，充分发挥财务杠杆的作用最大程度减少财务风险。

科学、合理、有效的财务战略有利于帮助企业走可持续发展的道路，促进企业发展规模的扩大。同时企业制定的可持续发展财务战略将企业的经营战略和财务战略有效结合在一起，不断健全和完善了企业的战略体系，对企业内外部的发展环境进行了有效的反馈，满足了企业的实际发展需要，为企业可持续发展提供了重要支撑。

第四节　经济管理完善推动企业可持续发展

一、低碳经济与企业可持续发展

随着全球气候问题日趋严峻，"发展低碳经济，向低碳社会转型"是国际社会为应对全球气候变化而做出的战略选择。在全球节能减排、实行低碳经济的大环境下，如何应对潜在的政策和商业风险，甚至借此创造竞争优势成为企业高管目前面临的一大挑战。

（一）低碳经济下的企业可持续发展

1. "低碳"是企业在未来持续发展的保证

近年来，企业已经越来越清楚地意识到，如果不尽快采取包括低碳在内的可持续发展战略，它在未来所需付出的代价将高于今天为可持续发展战略所需投入的成本。随着全球有限资源的逐步消耗，企业正在或即将面临来自各利益相关方的压力，要求企业采取实际行动证明它们对其赖以生存的环境和社会负责。总之、可持续发展战略为企业能够顺利在当前环境下运营，并能在未来环境下持续生存与发展提供了保证。

2. 企业碳管理战略需要完善的财务管理支持

越早行动的企业，越能尽早获得竞争优势。在碳经济时代，一个产品要附加上它的碳排放量成本，才是产品最终的成本，因此碳排放量的成本越低，产品自然越有竞争力。企业应从三方面着手制定碳管理战略。首先要了解企业目前的碳排放情况，明确管理方向，比如是以提高能效的方式还是以碳交易的形式来减排，如何平衡投入和收益。其次是碳排放量的管理，比如确定碳排放测量的界限以及排放来源。最后就是建立一个相对健全的报告系统。这三方面都需要企业完善的财务管理作为支持。

3. 低碳经济下，财务专业人士起重要作用

在针对碳排放的企业结构转型的过程中，财务管理人员扮演着对内风险管理和整合数据，对外关注动态和通报信息的重要沟通枢纽角色。此外，"综合报告"目前正受到国际上的关注，被广泛认定为企业报告未来的发展趋势。它需要企业整合并披露所有影响公司未来财务业绩以及公司风险评级活动的环境、社会及治理因素。财务人员作为报告的撰写者势必要加深对环境和社会对经济发展的影响，才能发挥更好的作用。财务专业人士在评估企业风险，保证碳排放数据的准确性和完整性，平衡成本与效益以及有效支持管理层决策等方面，必将发挥重要作用。

4. 低碳人才也将成为"抢手货"

实施可持续发展战略需要企业管理层和各级员工的通力合作与此同时，根据产业及企业的个别情况而定，战略实施的不同阶段还需要某些特定的知识和技能。例如，在收集数据查明企业使用碳的过程中，需要结合企业所在行业的特性采取特定的计量方法，目前，具备相关技能的人才明显较为短缺。这意味着那些能够适应低碳经济发展、及时汲取相关经验和拓展技能的人才将成为新兴绿色经济体中抢手的人才。

(二) 持续发展战略的生态维度

可持续发展战略的提出在人类生态伦理观的发展史上具有重要的意义，可持续发展战略的生态维度不仅在于它完成了人类中心主义的生成与解构，而且在于它蕴含着协调、永续发展的生态思想。

面对当今世界全球性的生态危机，国际社会众说纷纭，纷纷提出了各种解决问题的答案。在众多的方案中，可持续发展战略因其思想的深刻性和解决问题的实践可操作性，颇为引人注目。不可否认，可持续发展战略已成为人类社会跨世纪发展的战略抉择。要坚持和落实这一战略，就必须重新审视人类中心主义，在思想观念上对人类重新定位，同时做到与自然相生共容，和谐发展。

可持续发展战略的基本维度"可持续发展"是这样一种观念，即既要满足人的需要，

又不能以破坏环境为代价；既要满足当代人的需要，又不损害后代人的长远利益，同时，它既强调现实的发展，也注重未来的发展。可持续发展是一种从环境和自然资源角度提出的关于人类长期发展的战略和模式，它不是一般意义上所指的一个发展进程要在时间上连续运行、不被中断，而是特别指出环境和自然的长期承载能力对发展进程的重要性，以及发展对改善生活质量的重要性。可持续发展的概念从理论上结束了长期以来把发展经济同保护环境与自然相互对立起来的错误观点，并明确指出了他们应当相互联系和互为因果的。人类的发展有赖于自然界的发展，自然界的发展也有赖于人类的发展，它所追求的是促进人类内部的和谐以及人与自然之间的和谐。我们既可以把可持续发展伦理观看作当代生态伦理学的应用和实践，也可以把它看成是当代生态伦理学的发展。它的最大特点是融合了各个学派的基本点或共同点，把它实际应用到解决人类发展问题上。

我们必须对人与自然关系采取一种整体主义的立场，把人与自然看作相互依存、相互支持的整体，即共同体。可持续发展理论所强调的可持续性是建立在自然资源有限性的基础上的，或者说人与自然和谐具体体现在人类发展的可持续性与自然资源有限性和谐之上，这就构成了人与自然的共同体。

在构成现实世界的世间万物中，只有人才具有理性，具有从根本上改变环境的能力，能够破坏环境，也能改善环境，因此人有正当理由介入到自然中去，可持续发展伦理观认为，人类为了可持续地生存和发展，必须要更有理性地介入到自然中去，调整人与自然的关系，做到人与自然的和谐。可持续发展理论虽然也被看作从人类中心主义出发的发展模式，但可持续发展伦理观更强调人类可以有理性地约束自己行为，去努力做到人与自然的和谐，所以它成为被全世界普遍接受的人类迈向新文明的一种现实选择。

在处理人与自然的关系上，人与自然的关系是相互作用的。人是从自然中分化出来的，是具有自我意识的一部分。脱离自然界的人，同脱离人的自然界一样都是空洞的抽象，现实、事物、感性都是人与自然相互作用的产物。自然与人应该是在平等的地位上，人类之所以能统治自然界，是因为我们能够认识和正确运用规律。人作用于自然，自然也反作用于人。人依赖于自然而生存，自然为人类提供必要的生活资料和劳动资料。人通过劳动改变世界，同时也在改变人本身，人类从自己的主观能动性出发改造自然，自然也会给人以反作用。如果人类不遵循自然规律，任意破坏自然界的生态平衡，自然也会予以报复。

可持续发展伦理观认为，人和自然既有相互依存的工具价值，又具有各自独立的自身价值。自然对人的工具价值在于它的可利用性，人对自然是互为尺度的关系。衡量这种价值的尺度，既不在人与自然自身之内，也不在对方之内，而在于人与自然的共同体，这才是唯一的价值主体。由此可以明确人对自然的权利和义务。一方面人有权利利用自然，满足自身的需求，但这种需求必须以不改变自然的连续性为限度；另一方面，人又有义务在利用自然的同时向自然提供相应的补偿。可持续发展理论强调，必须调整人对自然权利和义务的界限，以恢复自然的正常状态，这就是可持续发展伦理观对生态伦理学的贡献。

由于现代科学技术的飞速发展，人类文明已经达到前所未有的高度而人类的这种空前强大的力量使得人们在人与自然的相互作用中显示出了对环境和资源的巨大支配力，但在另一方面，与这种支配力相伴而行的是对环境和资源的巨大破坏力。这种破坏力是如此强大，以至于在人类征服自然过程中，在某些领域使环境的破坏成为不可逆转的，使某些资源成为不能再生的，使自然界本身自我修复、自我再生的能力有根本丧失的危险。在这生死存亡的历史关头，人们不能不重新审视人与自然的关系，改变观念和端正态度已成为历史发展的必然要求，这就是改变过去那种人与自然的对立斗争的旧观念，而代之以符合时代特点的新观念，建立人与自然之间的和谐、统一的新关系，走可持续发展的道路，正是这一点构成了可持续发展战略的基本的生态伦理维度。

二、完善经济管理推动企业可持续发展

（一）经济管理在企业中的重要性

企业完整的管理体系包含多个方面，其中经济管理是重要的组成部分，很大程度上决定企业的生死存亡，关乎企业的发展。所谓的企业经济管理，顾名思义，就是管理企业的经营活动，其以为企业经济效益服务为最终目标。健全企业的经济管理能够为企业起到良好的积极的作用，一是很多企业，尤其是欧式企业最重视的问题就是怎样利用最小的成本获得最大的经济效益，如果企业做好了经济管理体系，就能够将资金花在最重要的地方，保证企业利用有限的资金获得最大的经济效益，保证企业长久健康的发展。二是有效的经济管理体系能够保证企业在进行切实有效的经济活动之后，获得足够的利润，很多经济管理体系不够完善的公司，在进行了相应的经济活动之后往往不能够获得足够的利润，会发生诸如还款、催账、客户维护管理等诸多不利于企业盈利的事情，在经营管理中，实现利润将是非常关键的环节，利润实现并不完全相当于利润创造，其中利润实现是将已获得的利润转移到公司之中来。企业通过经济管理可以有效地避免这些问题发生，三是企业有效的经济管理在提升企业经营效率的同时，还能够为企业将来的发展铺设好道路，让企业的内部职能更加明确，人员分配更加协调，统筹协调能力更加出色，生产技术不断更新，从而提高企业可持续发展的能力。

(二) 经济管理在企业运行中产生的问题

对于一个企业的经济管理来说，并不是一蹴而就的，它需要长时间地执行，并且在执行中不断地改进，因此是一项复杂且艰巨的工作。企业在经营的过程当中可能会遇到各种各样的问题，不管是企业内部的制度执行的困难，还是外部的市场形势的快速变化，都给正在成长当中的企业制造了不小的难题。目前我国企业在经营管理活动中，通常包括以下几项重要内容：企业生产、审核、内部生产、审核等。

1. 企业内部生产与审核

要使企业能够在瞬息万变的市场形势中脱颖而出，就要制定正确可行的企业经营管理体系，不断提升企业竞争力，获得可持续发展，只有加强了企业经济管理的有效控制，才能够达到增强企业管理效果的目的。企业内部管理的主要作用是引导和导向，它能够帮助企业制定出发展的目标和路线，所以对于管理者来说，最重要的事情就是需要对于企业当中的各项管理条例，以及经营当中发生的情况进行审核，并且在发现问题之后，再制定出相应的改革措施。但是目前来看，很多企业并没有完全意识到这一点的重要性，很多管理者对于条例审核不认真，导致管理条例制定不够准确和健全，遇到经营方面的问题也没有第一时间制订可行的方案，使得企业错过参与市场竞争的大好机遇，在一定程度上阻碍了企业的进一步发展。

2. 组织机构的评审与设置

企业经济管理体系的制定并不是凭空想象的，也不是所有企业都是相同的，它须结合每个企业内部自身实际的发展情况，以及外部市场的导向所制定，所以要将企业内部的实际经营情况与外部的市场形势进行相应的整合，科学地、合理地、适当地调整企业管理模式，使其实现系统化、科学化和规范化。但是很多企业在制定企业经济管理体系时，缺乏对于企业内部自身情况的系统的认识，对于外部的形式也不是很明朗，企业制定出来的经济管理体系没有办法与外部的市场形势进行有机的结合，使得企业的发展脱离市场规律，导致企业经营出现问题。通常来讲，都是由企业当中的领导或者高层来进行商议，决定企业经济管理体系的制定，然后将管理当中所提到的职责分配给相应职位的职员，由职员进行执行。一般还会根据执行的情况采取企业职员的意见和建议进行体系的完善和修改。随着市场经济的不断发展，企业的经营观念也在随着经济的发展不断变化，管理者要注意管理体系中运行机制，来确保企业发展战略与社会前进方向、客户需求相同，以此来不断提升企业的核心竞争力。

（三）完善企业经济管理体系的策略

1. 企业经济管理组织机制的创新

在当今的市场经济形势下企业只有通过不断与市场环境的变化相结合，不断地调整自身的发展轨迹才能够实现可持续发展，一般的企业在进行机构建设时会将建设重心放在保持企业结构的稳定性上，这样能够使企业内部的职能更加明确。但是也会带来些弊端，例如缩减了企业信息来源的渠道，一定程度上会影响企业内部的各个部门之间的运作协调和配合，导致企业内部之间的信息流通不畅，联系程度不断下降，就会在根本上影响企业的生产环节，使企业在实际的生产活动中无法进行良好的合作与衔接。由此可见，传统的组织机构有一定的可取之处，例如将获得企业的经济效益作为最根本的目标，而在短时间内能够保证企业的经济效益获得最大化，企业的经济实力能够迅速提升，但是从长远看，这种传统的组织机构没有办法保证企业内部的连接顺畅，从而影响企业的发展前景。在这样的背景下，就需要企业内部的管理人员和领导层更新管理观念，创新企业经济的管理体系，调整企业内部的组织机构，实现企业生产效率与质量的双提升，推动企业的可持续发展。

2. 更新管理观念与相关制度

一些具有发展前景的企业往往并不急于获得短期内的巨大的经济效益，他们比起追逐利益更加看重理念与制度的更新和调整，这些企业会在企业发展的初期将工作的重心放在不断地改进创新管理体系上面，并且通过应用自主经营和自负盈亏的运营方式，从而保证企业的发展稳定，根据外部市场的动向不断地调整企业的经营理念，最终实现企业的长效发展，获取足够的经济效益。同时，相关的管理人员会通过不断进行制度的优化，从而对企业内部有限的资源进行整合，发挥出企业整合资源的效应，使企业资源分配与制度符合社会主义市场经济的发展要求，不断增强内部组织机构建设力度，实现企业可持续发展。在此过程之中，企业管理人员需要调动起员工的工作积极性，采用奖励机制，保证企业的可持续发展。另外，相关人员还要关注业务发展服务的获取，进一步拓宽企业融资的渠道，使企业有充实的资金支持，为企业战略方案的实现，提供一系列必要的支持。

第六章　新媒体时代背景下的经济管理战略创新

第一节　新媒体时代对企业经济管理创新的影响

一、新媒体时代我国企业经济管理的出路

随着现代企业发展得越来越完善，企业之间的竞争也日趋激烈，为了能够在竞争中发挥优势，推动企业的不断发展，一定要做好企业的经济管理工作。

（一）重视企业人力资源管理

人力资源是企业经济发展的第一资源，重视企业人力资源管理，充分调动员工的积极性是企业发展获得成功的关键。企业人力资源部门是对企业员工进行组织管理的专门机构，而合理的人员任用和岗位分配，以满足企业经济发展需要是人力资源部门的主要工作任务。从企业经济发展的全局角度考虑，企业人力资源部门应当充分地发挥招人、用人、留人的作用。具体来讲，人力资源部门的工作应当服从于企业经济发展的大局，积极为企业招聘合适的人才、紧缺的人才。用人是人力资源部门要根据工作岗位的特点和员工的能力结构，以最大化地发挥员工的才能和满足工作岗位的要求为目的，做好人员分配和岗位分配。留人就是要根据市场的条件满足优秀员工的需求，使优秀员工愿意为企业工作。

（二）尽快建立适合企业现状的经济管理制度

经济管理制度是企业进行日常经济管理的依据，是保障企业经济目标实现的规章制度。企业要想取得较好的发展首先应对自身的情况有一个全局的了解，弄清楚企业的不足和企业的优势，根据企业现有的不同工作岗位和工作任务制定符合实际情况的管理制度，把企业的各项工作流程化、规范化，使企业的一切经济活动有章可循。为保障企业的经济管理工作按照管理制度顺利实施，必要的监督制度是必需的。企业应当对员工的日常行为和工作规范进行约束，对于经营管理过程中出现的问题及时进行处理，及时响应、合理处

理，才能尽量减少企业损失，确保企业发展的持续性和快速性。

（三）转变经济管理理念，适应新的发展要求

转变企业经济管理理念是新的市场形势和新的发展趋势对企业经营管理的要求。企业经济管理想要做出成绩，首先必须对企业的经营管理理念做出调整。一方面，企业领导者要对经济管理的重要性有一个深刻的认识，在经营管理决策制定过程中要具有长远的眼光和全局的视野，不能仅仅关注短期的眼前的利益，应当从长远发展的角度考虑问题。另一方面，仅仅企业领导者认识到经济管理的重要性还不够，还需要通过各种培训教育和宣传手段，让全体企业员工对经济管理的重要性有一个清醒的认识。通过各种有效途径不断更新他们的工作观念，使其在具体的工作过程中能够自觉规范自己的行为，主动地遵守企业的经营管理制度规范。

（四）加强企业文化的建设

企业的经济管理要以人为本，要想企业的工作人员有凝聚力，就要注重企业文化的建设，通过多种宣传方式将企业文化灌输到每位员工的思想中去，这样才能够让他们更加积极努力地工作。

二、新媒体时代对于企业经济管理创新的优势

企业的发展应与时代的发展相结合，与时俱进。在新媒体时代的背景下，信息传播更迅速和便捷，信息传递的范围也越来越广，为企业的经济发展带来更为广阔的空间。由于信息交流的速度越来越快，省略了许多信息传播的中间环节，实现了信息的实时同步，也就提高了企业的工作效率。

企业内部信息交流的畅通使企业各部门之间的联系更加紧密，增加了员工之间的交流，企业领导者也可以与每位员工零距离沟通，听取员工意见，形成及时反馈，还能使企业员工对企业的各种动态更为了解，增强企业内部的凝聚力，增强员工的归属感。这样也使得员工的视野更为开阔，使员工可以在第一时间获取行业信息和企业的发展情况。

信息对于企业经济管理来讲是最为关键的，及时地获得信息，并在第一时间做出反应，可以为企业带来更多的机会和效益。在新媒体时代，信息传递的敏捷性就解决了这一关键问题，不仅使得企业对于同行业的发展动态可以实时掌握，并使其对于同行业的企业的了解程度也在不断地加深，"知己知彼，百战不殆"，对自己对手的了解程度也影响着企业的竞争力。而且，企业对国家的新政策也可以在第一时间进行了解，以便及时采取应对

措施，提高企业的经营灵活度。

三、新媒体时代给企业经济管理创新带来的机遇

新媒体的发展给企业的经济发展也带来了更多的机遇，特别是使得网络营销快速发展。在新媒体时代下，信息的传递更为广泛，打破了地域的桎梏，为网络营销带来了极大的便利，网络营销的成本低、覆盖面广、互动性强等优势，使之成为新媒体条件下的重要的经济活动，所以越来越多的企业加入网络营销的行列之中。网上购物已经渗透到人们的生活之中，网络经营已经发展为新媒体时代下的重要部分，所以企业管理者必须要认清网络运营的作用，结合企业内部经济需求，与新时代的互联网运营相适应。处于网络化、信息化程度高度发达的新媒体时代，企业对于组织结构的改造应和网络信息化工具的改造相结合，使两种改造相辅相成，发挥更大的效用。

新媒体时代带来的信息全球化，为企业迎来更广泛的发展空间。信息技术的高度应用，信息资源的高度共享，使每个人、每个企业的智力潜能、经济潜能以及社会物质资源潜能被充分发掘，个人的行为、企业的组织结构、组织决策和社会运行方式趋于合理化的理想状态。新媒体时代下的信息全球化，促进了经济的全球化，而经济的全球化将世界各国连成一个整体，各国之间的依赖性增强，生产要素也在世界各国范围内快速流通，为我国参与经济全球化提供了一个相对有利的环境，使我国迅速实现技术进步、制度创新和经济发展，也为国内的企业在国际上的经济发展提供了强大的契机。所以企业管理者一定要抓住机遇，及时调整企业组织结构，调整企业的经营模式，并且及时地转变企业员工的心理状态，与员工一起携手为企业的经济发展而共同努力。

四、新媒体时代给企业经济管理创新带来的挑战

新媒体时代带来的信息爆炸性增长给企业带来很大的挑战，这要求企业更快速、更准确地收集内外部有用的信息，并进行快速反应。目前，信息的过度泛滥为企业搜集准确有用的信息带来极大阻碍，"在信息爆炸的时代我们离真相越来越近还是越来越远"的思考此起彼伏。如果想要隐藏一片树叶就把它藏进森林，如果想要隐藏一个谣言最好让它满天飞。这句话深刻地反映了新媒体时代信息爆炸的现状。企业如何在虚假信息和无用信息的森林里寻找那一片有用的树叶，无疑是对企业管理者提出了更高的要求。

在经济全球化背景下，网络新媒体的发展正在逐渐地改变现代企业的基本商业运作模式，对于企业来讲这是一种机遇，也是一种挑战。企业的优势信息很容易被同行业的对手获取，对手很快就会采取措施增强他们的竞争力，因此企业内部的核心竞争力很难保持，

这要求企业时刻保持警惕，灵活转变。人才仍是这个社会制胜的关键，但是信息的广泛性使得企业员工的视野更广阔，"择优"的思想使得企业人才跳槽频率增大，所以企业管理者必须要充分认识到员工参与管理的重要性，必须制定出适合企业发展、留得住人才的员工参与管理模式。

随着新媒体的快速发展以及经济全球化进程的不断加快，企业要想在市场上立于不败之地，就要不断地创新和发展。新媒体的崛起是一把双刃剑，在带来社会进步的同时也必然会带来负面影响。企业要从各个方面抓住新媒体带来的优势和机遇，正视企业劣势，积极地应对挑战，建立完善的经济管理制度，构建强大的经济管理体系，增强企业综合能力，以实现企业长期的生存和发展。

第二节 动态复杂环境下的企业战略敏捷度

一、动态环境下的战略领导力

战略是指导我们行动的一种思维方式，它指引我们在动态的竞争中获胜。

（一）用战略眼光看世界

战略是一种心智模式和审视世界的方式。人们总是在思考战略，用战略的眼光来看这个世界。做一个有战略领导力的领导者，在一个快速变动的环境中特别重要。大胆和勇气是优秀战略家应具备的特点，利用快速、灵活、出其不意的手段，利用和发挥传统力量的优势，并将其变为新的动力，令对手措手不及。

领导者需要用战略来帮助他们的团队和组织获得持续的成功，帮助公司成长。战略领导力就是帮我们定义什么是成功，然后找到识别成功的指标，使之出现双赢的局面，动员整个公司做得更好。战略领导有四条规则：贯彻战略以把握命运，利用战略中的矛盾，深度同时实施两种不同的战略，管理好战略变化的周期。

一旦做出一个战略决策之后，要再改变这个战略，返回到没有做这个战略之前的状态是非常困难的。所以战略意味着承诺。战略不仅是公司最高领导者的事情，整个组织的各级领导者都需要战略思维，因为战略变革的各种迹象往往最早出现在第一。领导者应该建立战略领导力文化，没有文化的战略毫无力量，没有战略的文化缺少目标，因此成功战略的制定需要与文化进行有机结合。

改变各级领导者的心智领域要分两步走：第一步是识别，有些人迫不及待地希望改变，有些人永远不能改变，还有一类观望者；第二步需要树立榜样，告诉他们成功的案例以激发他们改变的兴趣，对于永远不想改变的人，可能要考虑将其替换掉或者解雇。不同组织的战略决策模式各有特点，大致可分为理性行为者模式、内部生态模式和"垃圾桶"模式。每家企业都是一个均衡的生态环境，战略创新以固定的模式产生，在大多数情况下，是由最高管理层推动大部分创新，但是组织上下各级领导人也在促成创新。这些创新竞争有限的组织资源，以提升自身的相对价值。变化是由组织中的个体或小团队通过各种各样的战略创新来寻求表现他们的特别技能与改进职业生涯所引起的。

战略领导力能够补充领导者的直觉和愿景，帮助领导者分清竞争中的指向性信号和噪声，从而使其做出正确的战略决策，愿景就是我们想实现的未来，作为领导者，首先要把具有挑战性的愿景有效传达给团队，让他们付出努力去迎接这个挑战，当大家从情感上、理性上都认同这个愿景时，通过挖掘潜能把员工的能力推到极限，并从他们身上反馈到实现愿景的承诺。

（二）动态环境与命运选择

动态环境一方面是指自然规律，另一方面就是相对于中国的"天时、地利、人和"，总是有一个正确的时间、地点以及做什么样的事情，知道在什么时间做这个事情非常重要。在商业环境比较良好的情况下，领导力的作用不会太突出，而在一个动荡的环境下，领导力强弱会显示出较大差别，一个强有力的领导能更好地处理危机，领导力强的公司有可能把领导力弱的公司兼并掉。

在一个变动的环境中，领导者需要用长远的眼光去确定他们的命运所在，但是为了使公司不断发展并维持对其命运的控制，必须制定相应的游戏规则，使公司能够稳步地向前发展。战略就是实现这一目的的手段。战略使领导者们不仅了解哪种力量影响一家公司在某一时期的成功机遇，也使他们善于利用这些因素来发挥公司的优势。

（三）战略警觉

战略警觉在难以预见未来动态变化的行业中尤为重要。在这些行业中，非常重要的一点就是，要对战略有一种基于直觉的认识，正确理解迅速演化力、先后措施和相应结果之间的关系。这样，当按照前因后果关系采取相应措施，使得公司地位提高、竞争力增强时，领导者们便能清楚地领略到战略的有效性。战略性的警觉会迫使领导者通过各种渠道了解潜在业务的优劣，还能让他们看到何时会有良好的机遇。

二、动态环境下的企业战略变革

战略作为协调企业与环境的适应性关系以有效管理不确定性环境的有机系统，在企业环境发生变化时会提出转换或变革原有战略的要求，因而战略变革正是基于环境挑战所做出的一种反应，是企业与变化的环境相结合的产物。在激烈的市场竞争中，只有那些善于改变自己的企业才有可能获取更多的发展机会和生存空间。近年来，战略变革越来越成为中国企业在动态、复杂与快速变化的环境条件下，追求"做强、做大"，成功"二次创业"，增强企业竞争力，追求持续竞争优势过程中不可回避的现实问题。

（一）动态环境下企业战略变革影响因素

战略变革就是企业在经营发展过程中对过去选择的、目前正在实施的战略方向或线路进行的改变。原来选择的战略在实施过程中遇到企业发展的环境发生了重要变化，企业对环境特点的认识产生了变化或企业自身的经营条件与能力发生了变化等情况时，会提出调整要求。不论是何种原因，企业能否及时进行有效的战略调整与变革，都决定着企业在未来市场上的生存和发展水平。战略调整与变革作为企业实施动态战略管理的追踪决策。这种动态战略管理受到企业核心能力、企业家的行为以及企业文化等因素的影响。

1. 企业核心能力

改变、调整或变革企业的经营领域或方向，首先需要分析企业已经形成的核心能力及其利用情况。在竞争市场上，企业为了及时出售自己的产品并不断扩大自己的市场占有份额，必须形成并充分利用某种或某些竞争优势。竞争优势是竞争性市场中企业绩效的核心，是企业相对于竞争对手而言难以甚至无法模仿的某种特点。其目的是不断争取更多的市场用户，同时为顾客创造价值，是什么因素决定了企业能够形成某种竞争优势？我们认为是企业的核心能力是组织中的积累性学识，特别是关于如何协调不同的生产技能和有机结合多种技术的学识。从这个意义上说，核心能力不仅超越了企业的产品或服务，而且有可能超越企业内任何业务部门。核心能力的生命力要比任何产品或服务都强。由于核心能力可以促进一系列产品或服务的竞争优势形成，所以能否建立比竞争对手领先的核心能力会对企业的长期发展产生根本性的影响。只有建立并维护核心能力，才能保证企业的长期存续。核心能力是未来产品开发的源泉，是竞争能力的根源。

2. 企业家的行为

作为动态战略管理的追踪决策，战略调整、变革和企业其他类型的决策一样，受到企业家行为特征的影响。甚至可以认为，动态战略管理中的战略调整、变革是企业家行为选择的结果。因为企业是在企业家的领导下从事某种生产经营活动的，企业家的行为选择对企业的绩效和发展起着至关重要的作用。这种作用主要体现在以下几方面。首先，企业家的行为选择直接制约着企业的行为选择，企业行为选择不仅是企业家行为选择的直接映照，甚至是企业家行为选择的直接结果，从而直接决定着企业未来的行动是否有意义。企业经营领域与方向的选择或调整从某种意义上说，主要是企业家个人的事，因为在企业进行重大决策的过程中最终的方案确定主要取决于企业家。其次，企业家的行为不仅影响着员工的行为能否转变成对企业有效的贡献，而且其行为倾向也直接影响着员工对于行为方式和行为力度的选择。企业家对员工的影响要通过日常的直接管理，更多的则是通过塑造一定的企业文化来完成的。企业家行为对企业经营绩效以及战略调整、变革的影响还可以从企业家行为特点对企业行为选择影响的角度来进行分析，企业家行为长期化或短期化的特点会影响企业是强调现有生产经营能力的利用，还是偏重于未来经营能力的再造或创造，从而影响企业的持续发展。企业家的价值观念和行为偏好不仅会影响企业对不同经营领域或方向的评价与选择，而且会影响企业在既定方向下技术路径与水平以及职能活动重点的选择，从而不仅影响企业对市场环境的适应程度，而且影响企业在适应过程中活动的效率。

3. 企业文化

作为企业或企业家行为选择结果的企业战略调整、变革决策必然要受到企业文化的影响。企业文化是企业员工普遍认同的价值观念和行为准则的总和，这些观念和准则的特点可以通过企业及其员工的日常行为而得到表现。因为文化对企业经营业绩、企业成长与发展水平存在着影响是一个不争的事实。其对企业经营业绩以及战略发展的影响主要有：导向功能、激励功能以及协调功能。企业文化影响着企业员工，特别是影响着企业高层管理者的行为选择，从而影响着企业战略调整方向的选择及其组织实施。正是由于这种影响，与企业战略制定、调整和组织实施过程中需要采用的其他工具相比，文化的上述作用的实现不仅是高效率的，而且可能是成本最低、效果持续时间最长的。从这个意义上说，文化是企业战略管理的最为经济的有效手段。

（二）动态环境下战略变革应对对策

在动态环境下，研究企业战略变革的决定因素尤其重要。有学者认为，企业有效推行战略变革其决定因素主要由动态能力、组织学习、持续创新等要素组成。

1. 构建企业动态能力

动态能力是指企业保持或改变其作为战略能力基础能力的能力。能快速进行产品创新且具有整合和配置企业内外部资源的战略管理能力的企业，在全球性的竞争环境中更容易获得成功。由过去静态能力到动态能力，代表了一种战略观的转变如果说对稀缺资源的控制是利润的源泉，那么诸如技能的获取、知识的管理以及学习就成为根本性的战略问题。因而动态能力成为战略变革的基础和获取竞争优势的源泉。为此，企业动态能力需要通过组织和管理过程、位置以及发展路径这三个关键要素加以构建，来满足战略变革的需要。

2. 建立企业学习力

学习力是学习动力、学习毅力和学习能力的总和，企业员工必须具有较强的学习力，才能比竞争对手学得更快，才能获得持久的竞争力。因为企业唯一持久的战略能力，就是比其竞争对手学习得更快的能力。企业动态战略能力的形成离不开知识的创新、积累、转移和共享。这就要求企业成为一个学习型企业和知识型企业，在不断发展中增加企业的专用性资产和隐性的不可模仿性知识等。在新的竞争时代，光靠雄厚的资源和扩大的规模并不能保证企业在市场中获得生存和发展的机会，学习的能力才是企业突破生存不利格局、实现永续发展的根本，只有重视学习、用心学习，企业才能适应已经发生了重大变化的市场，才能获得持续战略能力。在一个充满不确定性因素的动态环境中，企业获得战略能力的关键在于如何利用所拥有的知识和能以多快的速度获取新知识。现实中企业不能持续发展的原因是企业在学习能力上有缺陷，这种缺陷使企业在环境改变时不能迅速应变，从而严重影响了企业的生存与发展。

3. 企业持续创新

在动态的环境中，如果企业只有一种竞争优势且无力创造新的竞争优势，那么企业将很难生存。在动态环境中，企业要想进行有效的战略变革来获得持续竞争优势，就要求企业能够深刻预见或洞察环境的变化并迅速地做出相应的反应。企业应该立足于持续性地创新，超越其所处环境和市场竞争。通过持续性创新，不断超越自己，从既有的竞争优势迅速地转换到新的竞争优势，超过竞争对手，从而获得基于整体发展的持续竞争优势。真正的竞争优势在于没有竞争的优势，避开竞争的最好办法就是新创并独占一个领域。

三、塑造企业的战略敏捷度

实现战略敏捷度，必须考虑到三个关键范畴——战略敏锐性、共同承诺性和资源流畅性。这两个范畴相应地要求企业管理团队在企业管理方式上做出三个根本性的转变：首先，需要从以前瞻性驱动的战略规划，向以洞察力驱动的战略敏锐性转变；其次，企业管理团队要在工作方式上变革，从个人独立负责制转向相互依存的共同承诺制；最后，战略要在思维方式和行为方式上进行转变，从资源分配制和所有权制转向资源的共享与利用。这两个转变是企业实现从"战略管理"向"快战略管理"转变的关键所在。

（一）战略敏锐性

在复杂多变的形势下，企业比任何时候都需要战略思维，卓越的前瞻性依然重要，其可以对重大趋势的后果做出预期并辨清可能出现的突破与间断，可以使企业在快速战略博弈中很好地把握时机。但随着不稳定因素的增加，前瞻性必须与战略洞察力互为补充。战略洞察力能够随着事态的发展去感知、分析和认识复杂的战略局势，并随时准备加以利用。

要实现战略敏锐性，首先要实现企业与外界知识交流程度的最大化。由于战略合作与联合试验的最终价值取决于参与者的数量和质量，所以多触角的信息网络十分必要。企业的不同群体要在各个层面上与不同的外部利益关系人保持多维度的互动。主管、战略家、职能专家和部门经理都应积极参与其中，从而形成全面互动的架构。外部联系人包括主要顾客、新型顾客、终端用户、合作伙伴与互补配套商、实力专家与智囊团。

具备了解自己的智慧是实现战略敏锐性的前提条件之一。主管要对企业业务做出恰当界定，既能够准确阐释当前的具体业务及领域，又能够超越它们。同企业当下的业务相比，以更开放的态度来界定业务，会减少企业对当前业务的心理依赖，使之能够快速地介入和退出某一领域。在开发新商机时，企业要根据自身优势来选择，使开发新商机和运作核心业务实现互动。当然，企业还必须珍视新见解和新机遇，消除野心勃勃、不切实际的指标。

促进高质量的内部对话也是实现战略敏锐性的重要一环。可以通过内部咨询师为高级管理者会议和战略决策过程提供丰富的事实性与概念性知识，或者邀请选拔出来的重要专家和高潜质的领导人参加会议，增强认知的多元化。制订人人参与的战略计划，企业就可以针对重大的战略问题，将高质量的内部对话延伸至组织的各个角落。

战略过程的开放性为战略敏锐性奠定了基础，因为其将企业同外界广泛而持续地紧密联系起来。只有深入而广泛地扎根于周边环境，高度的战略警觉性和高质量的内部对话才具有价值。同样，只有通过高质量的内部对话，高度的战略警觉性才能够增进战略敏锐性。高质量的内部对话能够在集体层面构建流程，将个人的洞察力转变为共同的战略向导。

（二）共同承诺制

共同承诺制是指企业管理团队要同心协力地在战略结构上做出选择。如果高级管理层就关键的战略更新定向或战略不能达成一致的看法，战略敏锐性将毫无意义。

要建立共同承诺制，必须建立四个管理机制：实现组织手段的相互依存性、实现共谋其政、实现企业管理团队的人事变动、建立首席执行官的首位平等制。

企业管理团队应放弃部门过于独立自治的组织原则，根据价值链或工作职能进行组织，使企业管理成员之间实现相互支持。企业可以正式指派企业管理成员负责价值链上的不同步骤或环节（而不是某种业务），决策必须由团队成员共同做出，承诺也必须由大家连带履行。企业要对交叉业务和职能部门的共同职能进行整合，对共同的价值创造逻辑进行整合。企业还可以通过为企业管理团队成员设计和分配各种不同职责来增强相互依赖性，但必须注意平衡担负企业职责的人员之间的权力间距。

企业管理团队应从下属部门烦琐的日常工作中解放出来，关注共同的挑战，集中研究影响到多种业务的政策问题，实现共谋其政。企业管理团队要确立明确的目标，正视冲突，保持流畅的对话方式，并能做到择时反思、随机应变。随着建设性对话的开展，企业管理团队的工作能力就会增强。

（三）资源流畅性

资源流畅性是当商机形成时，为之快速重新配置资源的能力。没有资源流畅性，战略敏锐性和共同承诺制就毫无价值。

激活资本资源、激活人力资源、减少经营及市场进入与退出风险、对资源进行发掘和动态评估是实现资源流畅性的四种方法。

企业应弱化组织的森严性，像有机生命体一样，建立进行业务运营的多维组织，建立获取资源的多种渠道，通过多条线分配诸如产品、核心技术、顾客群体等多种资源，实现协作的灵活和快速。多渠道能够让各种力量保持均衡，能使主管提出不同看法，使所有人都能畅所欲言。真正意义的多维组织结束了管理层所熟悉的双边管理关系。

另外，为了减少部门间的摩擦，多维组织要为关键部门提供一体化的绩效测评标准。统一的绩效测评数据为建设性对话提供了事实依据，使人们能够以不同的观点对同一数据进行比较，实现各部门工作的共时最优化，也就降低了对各个部门逐一优化的成本。多维组织还要将企业经营业绩同资源所有权分开，这意味着不会有任何一个部门和业务领域能够"拥有"经营其业务所需要的全部资源。此外，要激活资本资源，还要建立动态治理机制，通过制定可调整的计划流程和资源分配规则，平衡各部门发展差距，限制对核心业务的过度投入，完成任务和职责的动态配置。

要降低经营风险和市场进入与退出频率，可以通过模块应用来实现。模块化组织结构可以用于创建和复制大型多维组织的小型单位，而且不会丧失全球化透明度和经济规模效益。模块化组织原理也可以应用于个体员工。许多企业目前正将其内联网改变为基于综合性作业和员工管理的网络环境。如果设计合适，这些网络能够把员工同岗位和任务相分离，使员工不受时间和地点的约束在各种岗位上作出卓越贡献。企业也可以摒弃烦琐的部门登记和监管措施，节约管理成本。

第三节　战略管理与社会责任

一、企业社会责任概述

进入 21 世纪，经济全球化趋势不断深入，履行社会责任日益成为全球企业的共同义务、挑战和追求。企业社会责任的倡导和研究主体不再局限于学者与企业家，国际组织成为推动企业社会责任理论和实践向前发展的重要力量。联合国与世界银行、欧盟、世界可持续发展工商理事会、世界经济论坛、国际雇主组织、国际标准化组织等都分别从不同角度对企业社会责任进行了定义。如联合国"全球契约"认为，企业履行社会责任就应遵循"全球契约"十项原则，包括人权、劳工、环境和反贪污四个方面；世界银行将企业社会责任看作企业与关键利益相关方的关系、价值观、遵纪守法以及尊重人、社区和环境有关的政策与实践的集合，是企业为改善利益相关方的生活质量而贡献于可持续发展的一种承诺；欧盟先后提出四个企业社会责任定义，其中应用最为广泛的定义是，企业社会责任是指企业在自愿的基础上，把社会和环境的影响整合到企业运营以及与利益相关方的互动过程中；国际标准化组织其制定的社会责任：组织的社会责任是组织通过透明的道德行为来确保对自身决策和活动的社会与环境影响负责，这些行为的特点包括有利于可持续发展、健康和社会福利，充分考虑利益相关方期望，符合法律法规和国际行为规范，并全面融入组织，在组织与社会、环境的关系之中得到充分体现。

二、竞争优势与社会责任的联系

如今，在政府、媒体和社会活动人士的压力下，企业社会责任已成了各企业领导者义不容辞的重要任务。但是，许多企业的所谓社会责任活动，仅仅是在做一些表面文章。事实上，我们很少看到企业的社会责任活动存在系统性，更不用说有一个战略性框架了。

企业在考虑社会责任问题时，通常会犯两个错误：①把企业和社会对立起来，只考虑两者之间的矛盾，而无视两者之间的相互依存性；②只泛泛地考虑社会责任，而不从切合企业战略的角度来思考该问题。这就导致企业内部的各项社会责任行动好似一盘散沙，既不能带来任何积极的社会影响，也不能增强企业的长期竞争力，造成了企业资源和能力的极大浪费。

没有一家企业会有足够的能力和资源来解决所有的社会问题，它们必须选取和自己的业务有交叉的社会问题来解决。其余的社会问题，则留给其他更有优势的组织来处理，如其他行业的企业、非政府组织或政府机构。而选取标准的关键也不是看某项事业是否崇高，而是看能否有机会创造出共享价值——有益于社会，也有利于企业。

一些学者提议把影响企业的社会问题分为三类。第一类是普通社会问题，这些问题虽然对社会有重要意义，但是既不受企业运营的明显影响，也不影响企业的长期竞争力。第二类是价值链主导型社会问题，这些问题会受到企业经营活动的显著影响。第三类是竞争环境主导型社会问题，这些存在于企业外部运营环境中的问题会对企业竞争驱动力造成重大影响。某个社会问题具体归属于哪个类别，会因业务单元、所处行业和经营地点而异。

而企业社会责任也可以分为两类：一类是反应型的；另一类是战略型的。

反应型企业社会责任又分为两种形式：①做一个良好的企业公民，参与解决普通社会问题，如进行公益性捐助；②减轻企业价值链活动对社会造成的损害，如妥善处理排放的废物。战略型社会责任，是寻找能为企业和社会创造共享价值的机会，其包括价值链上的创新和竞争环境的投资。另外，企业还应在自己的核心价值主张中考虑社会利益，使社会影响成为企业战略的一个组成部分。

履行反应型社会责任虽然能给企业带来竞争优势，但这种优势通常很难持久。只有通过战略性地承担社会责任，企业才能对社会施以最大的积极影响，同时收获最丰厚的商业利益。企业承担社会责任不仅仅是要避免做出危害社会的事，也不应该只包括向当地慈善机构捐款、为救灾工作出力，或者救济社会穷困人口。诚然，这些贡献都非常有价值，但企业社会责任中最重要的任务，就是要在运营活动和竞争环境的社会因素这两者之间找到共享价值，从而不仅促进经济和社会发展，也改变企业和社会对彼此的偏见。

把承担社会责任看作创造共享价值的机会，而非单纯的危害控制或者公关活动，这需要我们具备全新的思维方式。不过我们相信，未来企业社会责任对于企业的成功将起到越来越重要的作用。

三、企业社会责任与战略目标管理的融合

社会的发展和激烈的竞争使得企业承担社会责任成为大势所趋。既然不得不面对，莫不如主动部署。但如果不考虑企业战略目标，企业社会责任（CSR）又会变成企业的经济负担，还可能引发矛盾，造成资源浪费。

要让 CSR 既有利于社会和谐发展，又能为企业持续发展服务，就要实现 CSR 实践与企业战略目标相结合，即将 CSR 与企业战略目标进行管理融合。这一发展看似简单，却要求企业实现从"被动地做好事"到"主动地去融合"的巨大跨越。

所谓 CSR 与企业战略目标管理融合，即将 CSR 纳入企业长期发展战略中来，使其成为独具企业特色的企业竞争力的提升器，为企业战略目标的实现和企业的长期稳定发展服务。依据科学管理原理，可以构建了 CSR 与企业战略目标管理融合的分析过程、设计过程、执行过程和控制过程。这四个过程又分别由对应的 CSR 战略管理工作和企业战略目标协调管理工作构成，两者的深入融合和循环推进共同构成了 CSR 与企业战略目标管理融合的过程。

（一）企业社会责任与企业战略目标管理融合分析

传统的企业社会责任的履行是离散的，即使具有一定连续性也不是企业规划的结果，自然不涉及 CSR 战略管理的问题。当企业要改变这种被动状况时，首先要进行的工作就是 CSR 与企业战略目标管理融合分析。对于某家企业来说，在现有的 CSR 主题中，有些适合、有些不适合，在适合发展的主题中，又有优劣的选择。CSR 与企业战略目标管理融合的目的，自然是优中选优，选择最有利于企业持续发展的主题项目。

因此，企业首先要对普遍关注的社会问题进行深入理解，认清问题的本质，并在此基础上将林林总总的社会问题从某一角度进行分类，分类类型要与企业的产业类型、行业特征以及产品特点相联系，以便于企业依据上述特征在社会问题库中进行选择。企业在确定 CSR 主题前，还要进行可行性分析。在此环节中企业要理性审视企业使命、企业宗旨、企业战略等企业定位的体现要素，综合分析企业资源、运作能力等企业能力的体现要素，客观描述企业规模、企业成长阶段、企业性质、企业文化等企业特征的体现要素，寻找企业利益与社会利益共赢的和谐区间，选择能有效推动企业发展和社会进步的相关主题。

（二）企业社会责任与企业战略目标管理融合执行

传统的企业社会责任活动，有些也包含策划的成分，但由于整体性和一致性较差，在

活动方式、合作对象的选择方面缺乏科学性，基于持续发展的 CSR 与企业战略目标管理融合的执行过程则有效地保证了其实施的系统性。该阶段要对选定的 CSR 主题进行细化分解，进行活动方式的匹配和合作对象的选择，最后进行活动实施。与此同时做好企业资源的重新分配与调整工作，以及与正常经营活动的协调和配合。

该环节中主题的细化和分解，就是制订一系列支撑 CSR 战略的具体方案，并为其设定明确、可测量的目标。对于 CSR 活动的方式。企业社会责任活动有五种选择：企业的公益事业宣传、公益事业关联营销、企业的社会营销、企业的慈善行为以及对社会负责的商业实践。CSR 活动往往与其他非政府组织联合实施，合作对象的合理选择有利于企业通过 CSR 创造良好的企业效益和社会效益，并在社会舆论面前把握主动权。

（三）企业社会责任与企业战略目标管理融合控制

传统的企业在从事社会责任活动时，因为随意性很强，很少对实施过程和实施效果进行有计划的跟踪、控制与评估。而对于已逐渐演化为一种投资工具的 CSR 实践来说，对其实施过程和作用效果进行有效控制，不仅有利于阶段性目标的如期实现，更有利于将来的活动改善。并且在此过程中，企业应该遵循与控制商业投资一样严格的原则，以进行社会投资的视角对 CSR 项目进行过程控制和结果验收。

该环节的工作主要包括四个方面：①对 CSR 项目的实施过程和社会反应进行监控与评估，以有利于计划方案的有效实施，并对 CSR 造成的社会效果进行评估；②对 CSR 主题参与的管理过程进行实时监控并进行动态调整，以有利于及时调整管理方案；③对企业的正常经营活动进行实时监控，以有利于对 CSR 造成的企业效果进行评估，并对难以预见的负面影响进行及时控制；④对企业关键绩效指标进行实时监控和阶段性评估，以有利于定量评价 CSR 对企业业绩造成的影响。

CSR 与企业战略目标管理融合控制对 CSR 实践能够在多大程度上支撑企业战略目标实现起着至关重要的作用。所谓控制就是对企业活动进行监控以确保其能够依照计划的各项要求完成，并对任何偏离原有目标的重要活动进行纠正。由此可见，CSR 与企业战略目标管理融合控制的最终目的是实现 CSR 与企业战略目标的深度融合，确保 CSR 为企业战略目标实现服务，而非简单地对实施效果进行事后评价。发现存在问题、制定应对策略、提出改进建议是该过程中更重要的工作。

综上所述，基于持续发展的 CSR 与企业战略目标管理融合，将以往被视为善举的社会责任纳入企业长期发展战略中来，将对社会责任和企业目标的战略管理工作有机结合起来，从 CSR 实践的分析、设计、执行和控制等管理环节实现对企业战略目标的有效支撑，解决了 CSR 承担与企业战略目标实现之间的矛盾，使得企业既以实际行动回应了社会的需求和公众的期望，又获得一种有效的管理策略来推动企业战略目标的实现。

第四节　长尾战略与跨界竞争战略

一、长尾战略

（一）"长尾"的内涵

长尾经济是内部和外部范围经济的结合，但长尾经济却不等于范围经济，长尾经济甚至可以不是范围经济，而是差异经济、个性化经济、创意经济等异质性的经济。企业界一直奉行的"二八原理"铁律，随着互联网的崛起也许将被打破，99%的产品都有机会销售，这就是长尾效应。而另一些研究人员认为长尾理论是指在网络化、电子数据管理条件下，研究以最低的成本生产和推广宣传产品，以最高的质量搜索和找到产品，以边际成本效益的改变影响潜在市场利润空间出现并产生新的具有差别化和异质化的可交换市场的理论。

（二）长尾战略的优势

1. 长尾产品需求的范围经济效应

首先，效用与需求的同向依赖关系决定需求曲线向右下方倾斜。需求曲线向右下方倾斜是经济学的基本假设之一，其意指需求量与价格负相关。长尾理论通过摆脱现有市场中与对手的竞争和博弈，在现有产业之外开创蕴含庞大需求的利基市场空间，进入全新的领域，商品或服务所蕴含的效用价值成为影响需求的决定性因素，价格为次要因素。换句话说，在长尾利基市场里，消费者更多关心的是效用价值，而不是价格。

其次，范围经济属于特殊形式的长尾经济，但长尾经济却不完全等于范围经济。长尾经济专注于各种不同的消费需求，不是瞄准现有市场"高端"或"低端"顾客，而是面向大热门市场之外的潜在需求的买方大众，通过细分市场以及专注区分消费者的差别来满足其偏好，致力于大多数客户的个性化需求，最后通过整合细分市场，整合不同消费者需求的共同之处来重新定义自己的产品。与范围经济相比，长尾的"范围经济"不限于同一企业内部，可以是产业集群，也可以是非地域性的全球协作。

最后，引导用户去探索，通过用户的个性化需求拉动产品消费。长尾理论通过在大众化产品之外提供众多的个性化定制，从而做到区别对待每一位客户，这就是推动型模式与拉动型模式之间、广泛性与个性之间的差别。如推荐是娱乐业一种非常有效的市场营销手段，其使得那些低成本电影和非主流音乐能够找到自己的观众群。推荐能让消费者得到性价比更高的、更准确的其他产品信息，激发他们进一步探索的兴趣，从而创造出一个更大的娱乐市场。

2. 长尾产品供给的规模经济效应

（1）长尾产品是向右下方倾斜的供给曲线

一般产品的供给曲线都是朝右上方倾斜的，供给量与产品价格呈同向关系。长尾理论认为价格已经从第一位的影响因素退化为次要因素，并被成本取而代之，生产者更关心的是产品成本的多与少，而不是价格的高与低。成本越低，则供给越多；反之，成本越高则供给越少，两者呈反向背离关系。

（2）长尾产品供给的正向回馈经济效应

传统的大规模生产，是生产方规模经济，是一种负向回馈经济，是一种牛顿式的制衡系统，是通过价格调整来恢复平衡的机制。长尾经济中则是一种达尔文式的制衡系统：当需求增加时，生产将具有更高的效率及更高的报酬，效率的提高导致价格下降，从而创造了更大的需求，更大的需求又创造更多的供给，这是一种正向回馈经济。正反馈与正外部性是需求方规模经济的基础，正反馈从需求角度理解就是需求曲线向右上方倾斜，即消费越多需求越大。

（3）长尾理论个性化、差异化产品供给下的规模效应

传统经济理论认为，提高经济效益的根本途径是"规模经济"效应，即扩大生产规模，优化资源的配置，降低产品单位成本，扩大市场所占份额，然而市场达到一定规模后，边际成本呈递增态势。长尾理论向产品供应商灌输了这样一个理念，即在消费需求日益多样化的今天，应当重视消费者的个性化、差异化需求，并在低成本生产、渠道营销和有效传播方面加大力度满足这个需求。一方面要满足消费者个性化需求；另一方面要思考如何实现企业的经济增长，降低成本。

（三）长尾战略在中小企业中的应用

1. 对企业客户群体的细分

传统的"二八定律"在企业市场营销中主要精力集中在"二"上，而鲜少关注另外

的"八",这显然是"丢了西瓜捡了芝麻",而长尾理论的提出是对企业的市场定位进行重新一次的洗牌。为什么企业要更关注"八"呢?因为在存储和流通空间足够大的时候,更多的大众对象就像一片很广阔的分散的区域,如果可以把握这一块区域,收获将不一定比集中的区域少。长尾理论是基于信息技术兴起所带来的信息流储存、交流成本的急剧降低所形成的一种新的理念,为企业提供了新思路。

首先,企业对于市场需要重新细分,根据不同客户群体间的需求差异划分不同的市场,如可以划分为普通消费群体、贵宾消费群体、中低端消费群体、高端消费群体。其次,选择针对每一不同的消费群体开发一种适用的产品。最后,企业依据自身的情况选择服务于其中的一个或少数几个细分市场或利基市场。为不同的细分市场提供多种不同产品的企业可以更好地满足广泛的顾客需求。由此产生的结果则是,如果它对产品进行了正确的定价,顾客需求将会上升,来自整个市场的收入比只生产一种产品时更多。

2. 对企业顾客关系有力的辅助

在现实的顾客关系管理过程中,除了与企业具体营销业务本身的成熟度有关外,还与企业所从事的具体营销业务所处的竞争环境相关。尤其是中小企业受到资源的限制,所获得信息明显不对称,那么此时选择长尾理论无疑是扬长避短,中小企业可以以顾客数量为突破口,抓住顾客关系中占多数的"八"。

市场越接近于完全竞争状态,越要重视大多数包含中小顾客的利基市场。随着全球经济市场化程度的不断加深,长尾理论在顾客关系管理中起着越来越重要的作用。在具体的顾客关系管理中要求中小企业审时度势、抓大放小,短期内抓住重点,重视单个顾客业务的绝对数量以及大量中小顾客的利基市场,把服务做到最细微处。这要求企业不仅有充分的逆向思考的管理思想,更重要的是还应具有与实现这种管理逻辑相匹配的服务能力。

二、跨界竞争战略

总有这样一些人,他们能敏锐地把握行业动向,第一时间占领先机;他们有着天才般的先见之明,敢于引领多方合作,向未知的市场进发。正是这些标新立异的人,常常能在被忽略的地方点石成金,这些人就是"跨界者"。他们在新老事物之间构建桥梁,对事物的模糊边界有着自己独特清醒的认识,跨越不同领域进行工作,在两种文化之间进行沟通,具有前瞻性,能够预见未来,与企业交往时不忘背景环境,能够一体化地认识问题。

跨界就是具有穿行于不同领域的综合能力,是当下这个巨变的时代对个人和企业能力提出的全新挑战。因为产业的边界从来就不存在。

（一）跨界

跨界不可避免，人类商业史就是一部跨界史。跨界是企业成长的路径。作为市场竞争主体，企业经营只有三种结果：倒闭、立足本行业，以及做大做强并跨界渗透到其他行业。

1. 跨界逻辑

破解跨界谜题的第一步是理清跨界乱象背后的逻辑。其实，当跨界成为常态，跨界就成为一个伪命题。其主要有以下两个理由。

（1）跨界的实质是颠覆和创新

创新有两种：一种是层累式创新；另一种是破坏性创新。前者是在组织内部，按照既定的范式进行结构的完善和功能的拓展。

（2）跨界是自由市场的天性

如果市场是自由的，那么市场就没有边界，只有竞争壁垒。市场就是一个优胜劣汰的丛林世界，任何企业要想在市场中获得生存和发展就必须建立竞争壁垒，包括特许经营权（垄断地位）、技术壁垒、商业模式壁垒和资源壁垒（信息、规模、用户、渠道、基础设施）等。然而只要是自由的非强权的竞争，任何壁垒都会被打破，尤其是那些资源配置效率较低的行业（国有垄断企业），跨界是自由市场的天性。

（二）跨界竞争

1. 跨界主体

在市场丛林中，哪些企业有能力跨界呢？它们攻城略地的法宝又是什么呢？

（1）垂直整合—核心企业的不二法则

产业链的核心企业天生就有垂直整合的基因和能力。苹果公司是最典型的例子，从芯片、硬件、系统、应用程序（APP）到销售终端，苹果几乎控制了整个产业链。而且苹果几乎是一个独立王国，独立的ISO系统和标准，独立的设计、开发、制造和销售体系，这使得颠覆苹果几乎是一项不可能完成的任务。

对于产业链上的核心企业而言，它们最看重的是向微笑曲线两端的研发、设计、物流、仓储、市场和销售环节跨界，而往往把制造环节外包给其他企业。微笑曲线，一端连着原料产地，另一端连着市场和用户，控制了微笑曲线的两端就获得了价值链的大部分价值。

(2) 水平扩张——行业领先企业的修行之道

善于水平并购的行业领先企业通过把行业内相关的重要企业招至麾下,从而完成关键的卡位和布局,巩固和加强了行业领先企业的地位。

(3) 强强联合—资源整合的最高境界

跨界并不总是你死我活的竞争,有时候也可以是合作和共赢。既然谁也没有能力消灭谁,那就各自做出一些让步,拿出部分非核心利益进行交换。与其扎紧篱笆吃不着肉,倒不如共同把蛋糕做大,共享跨界红利。

2. 避免颠覆性破坏

进攻是最好的防守。跨界有风险,实施需谨慎,但并不意味着实力有限的企业就不需积极进取,坐以待毙。其实,任何一个行业领先企业都是从草根做起来的,只是企业在不同的阶段要做不同的事罢了。对于实力有限的企业而言,要选择行业领先企业不屑染指的部分,集中精力开发一款产品,并做到极致。

初创企业只有选择行业领先企业看不起、看不上、看不懂甚至看不到的部分埋头苦干,潜心积累,才有机会。同时初创企业要有跨界思维,采用迂回包抄战术,主动创新。

初创企业要想生存下去,成本控制是最重要的技能之一。而降低成本、提高效率有两条捷径:一是互联网化,一个互联网化的企业是以用户为中心、目标明确、管理扁平、有进取心、有高执行力团队的企业;二是联合其他中小企业,初创企业的跨界之路,是和小伙伴们抱团取暖,只有地位对等,才有可能确保公平交易。

进入陌生领域的风险肯定大于熟悉的领域,当然,机会也可能多一些。对于实力较弱的企业甚至初创企业而言,跨界的雄心可以有,但是跨界的步子不可太急。只要植入跨界的基因,苦心修炼,早晚会迎来驰骋沙场的一天。

3. 跨界思考

关于跨界,存在各种各样的思考,有人认为只要跨界了就是一片"蓝海",遍地黄金;有的人看别人跨界了,自己也跨界,"运动"就是一切,目标是没有的;还有的人,闭着眼睛跨界,缺乏精细的目标和规划。

"跨界即蓝海"的提法和历史上"东方遍地是黄金"的说法有什么区别?它除了鼓动和宣传,激起人们的欲望,还有什么积极的意义?跨界意味着进入一个不同的领域,机遇和风险并存,既不能盲目乐观,也不可过于悲观。任何一个行业都有自己的发展周期和规律,在什么时间、以什么方式进入很重要。跨界之前是否做好充分的准备,自身的资源和禀赋能否使人抓住机遇同样重要。

企业走什么路，实施什么战略，是企业最重要的决策之一。但是，在现实中，有些企业的跨界经营却显得很随意，让人看不明白，摸不透，感觉像是闭着眼睛在跨界。相比而言，国际知名的跨界之路就显得专业严谨得多。以谷歌为例，为了推出谷歌地图，其专门收购了在线地图和交通流量分析项目。此后，谷歌为了进入智能汽车领域，又做了大量收购工作，进行技术储备。

显而易见，国际大企业更倾向于垂直领域的跨界，巩固其产业链的核心地位。就跨界的顺序而言，垂直整合应先于水平扩张，而毫无关联的跨界应排在最后，甚至不考虑。在实践中，国内的一些企业却恰恰相反。

（三）从跨界到无界

1. 建立跨界思维

什么是跨界思维呢？用互联网的思维做手机，这就是跨界思维；用互联网的思维做金融，也是跨界思维；用媒体的思维做商业，也是跨界思维。跨界思维的核心是颠覆性创新，且往往来源于行业之外的边缘性创新，因此要跳出行业看行业，建立系统的、交叉的思维方式。

（1）跨学科

用不同学科的知识来思考一个具体实践应用问题。成功地研发和推广一部手机，需要哪一个学科的知识？答案是，所有学科。

（2）偶然性

人类历史的发生、发展是偶然的。人类历史首先充满了诸多事故，然后才有诸多故事。

（3）边缘性

人们不需要重新发明轮子，但可以发明汽车。从知识论上看，知识需要传承和创新，而且往往发生在不同学科的交界处。边缘性既强调了跨界，也强调了传承，就是"二生三，三生万物"。这是一种家族的相似性。

互联网作为新技术革命的核心技术，已经在很大程度上重塑了人类的经济、社会、文化和技术的形态，从某种意义上来说网络就是社会、网络就是世界、网络就是未来。因此跨界思维在某种意义上就是互联网思维。建立跨界思维，要学会以用户思维、简约思维、迭代思维、免费思维、社会化思维、大数据思维、平台思维等互联网思维来分析和思考问题。

2. 边界是时空概念

跨界是一种时空概念，从某种程度上来说边界是企业和行业在某个发展阶段所抵达的时空范围，它会随着时空的推进而改变，而非一成不变的。企业应建立跨界思维，并完善跨界发展规划，在不同发展阶段做不同的事。例如，随着互联网的出现，无时间的空间（异步创新、异步创作）和无空间的时间（即时通信）都出现了。

企业实现跨界发展最核心的是要植入跨界基因。传统企业跨界发展成为互联网化企业需要植入互联网基因，或者用互联网基因改造传统基因，改造要从企业的领导者做起。

第五节 大数据战略与模块化战略

一、大数据战略

大数据发展对企业经营管理的各方面都产生了深刻影响。管理学界对大数据的影响已有敏锐的洞察，学者们开始重视并试图分析其对企业管理各方面潜在的影响。学者们对大数据影响的讨论与分析主要聚焦于营销管理领域。大数据不再是商业活动的附属品，大数据对企业而言，如同石油一样重要，收集、整合、分析、利用、校准大数据，每一个环节都体现了全新的商业能力。企业高管应重视大数据的价值，将其视为一种竞争要素和战略资源。

（一）大数据对传统战略思维的影响

1. 对"以资源为本"战略思维的影响

企业提供产品或服务的特殊能力是基于其核心能力的，企业核心竞争力是企业可持续竞争优势的来源，不应将企业看作不同资源配置下的不同业务组合，而应将企业看作隐藏于业务组合背后的、更深层次的核心能力的组合。

企业只有基于所拥有的资源而不断构建、培育和巩固其核心能力，才能获得可持续的竞争地位。基于核心能力的战略思维，实质上是以资源为本的战略思维模式的扩展和动态化，虽然两者存在差异，但都强调竞争优势的内生性。在以资源为本的战略思维指导下，企业决策者越加重视企业是否拥有不同于竞争者的独特资源，是否具有超越竞争对手的核心能力。

掌握庞大的顾客信息数据，通过创建网络社区等方式与顾客进行实时互动，收集顾客想法、意见并给予及时回应（如每周发布一个新版本的 MIUI 系统），不断地满足顾客的不同需求，是小米公司快速成长的主要因素。可见，拥有和利用大数据，能够让现代企业获得竞争优势并快速成长。获取大数据和利用大数据创造价值，成为新经济环境下"以资源为本"战略思维需要关注的内容。

2. 对"以竞争为本"战略思维的影响

"以竞争为本"战略思维的产生，源于竞争战略理论，在该理论的指导下，竞争成为企业战略思维的出发点。竞争战略理论认为，行业的盈利潜力决定了企业的盈利水平，而决定行业盈利潜力的是行业的竞争强度和行业背后的结构性因素。因此，产业结构分析是建立竞争战略的基础，理解产业结构永远是战略分析的起点。企业在战略制定时重点分析的是产业特点和结构，特别是通过深入分析潜在进入者、替代品威胁、产业内部竞争强度、供应商讨价还价能力、顾客讨价还价能力五种竞争力量，来识别、评估和选择适合的竞争战略，如低成本、差异化和集中化竞争战略。在这种战略理论的指引下，企业决策者会逐渐形成"企业成功的关键在于选择发展前景良好的行业"的战略思维。

3. 对"以顾客为本"战略思维的影响

伴随着 20 世纪 90 年代产业环境动态化、顾客需求个性化等发展趋势，以顾客为本的战略思维模式逐渐形成。这种思维模式的核心是，强调企业的发展必须以顾客为中心，无论是增强自身能力还是拓展市场，都要围绕顾客需求展开。研究顾客需求、满足顾客需求是这种战略模式的出发点。在这种战略理念的指引下，企业决策者意识到，要想获得竞争优势，就要比竞争者更好地发掘并满足顾客需要，创造独特的顾客价值。

在大数据时代，"以顾客为本"的战略思维也需要有新的变革。围绕顾客需求和企业的产品价值链，大数据时代的一个突出特点是社会互动的深刻影响。从新产品开发、测试到新产品的投放，社会互动都扮演着日益重要的角色。在营销层面，当今的电子商务平台，无论是国外的亚马逊，还是国内的淘宝、京东，都对网络口碑高度重视。网络口碑的实质就是顾客之间对产品看法和意见的互动，后续消费者会根据已有的口碑进行消费决策，互动口碑已经成为产品营销的战略举措。

（二）大数据时代战略思维的主要特征

在互联网时代，人们经常讨论怎样用互联网的方式思考，以及如何形成互联网的思考方式。在大数据时代，应该有大数据的思维方式。大数据时代的"大数据战略思维"特征主要表现为，定量、跨界、执行和怀疑。

1. 定量思维

定量思维是指"一切都可测量。"虽然现实经营管理的情况不是都可以测量的，但是企业决策者要持有这样的理念。例如，现在很多餐饮连锁企业都有消费会员卡，但是一般只记录顾客的消费金额，关于顾客消费什么则并没有记录。如果有了这样的记录，每个顾客来消费时，就不仅可以判断他的消费水平，也能分析他的消费偏好。管理者如果具备定量思维，秉承一切都可测的思想，记录有用的顾客信息，将会对企业的经营和战略决策产生积极作用。

2. 跨界思维

跨界思维是指"一切都有关联"。企业经营的各方面之间都有相关性，应该发挥企业决策者的想象力，将看似不相干的事物联系起来。例如，移动终端和PC终端的跨界，微信、社交网络跟电子商务的跨界。通过跨界能够开创新的商业模式，构建新的价值链。

3. 执行思维

执行思维是指"一切都可利用"。执行思维强调充分地发掘、利用大数据。企业收集了大量的数据，但存放着不利用属于资源浪费。企业应该注重实效，将大数据蕴含的市场信息发掘出来，并执行下去，及时对市场和利益相关者做出反应。在大数据时代取得成功的企业，并不是简单地拥有大数据，而是通过对大数据的分析，发现市场机会，从而开发新的市场。企业依托大数据分析获得的创意，为市场提供相当独特的产品和服务，通过高效的组织运作与执行，最终赢得顾客、赢得市场。

4. 怀疑思维

怀疑思维是指"一切都可试验"。企业获取了大数据，进行分析获取一定信息之后，有时会导致决策产生更大的偏差。有了数据的支持就觉得实际情况就是如此，从而忽略了深入的思考。实际上，有的时候数据会产生误导，所以不能对数据有盲从的思想，相应地还要有怀疑与试验的思想。

在大数据时代，消费者的决策方式、购买行为等发生了显著变化。为此，企业经营管理过程中的战略思维应该进行变革。一方面，要对传统以资源、竞争和顾客为本的战略思维进行升级拓展；另一方面，要发展并形成全新的大数据思维。

二、模块化战略

（一）模块化战略管理

模块化不仅是一种创新方法，也是一种战略手段，其孕育着三类战略管理手段：模块化引导战略、模块化控制战略以及模块化匹配战略。模块化贯穿于设计和制造全过程，模块化的发展动力根源于设计、制造和消费各自的内部领域以及三者之间的战略互动。

1. 模块化引导战略

（1）市场价值引导战略

①模块化结构与模块试验、创新相互促进。"结构价值""试验价值"和"创新价值"共同作用，只要结构、试验或模块任一变化，整体价值就应重新评估。

②只有模块化设计师才能实施市场价值引导战略。

模块化结构本身提升系统价值有限，最终阻碍模块化发展，因此，必须实行开放性设计；模块设计本身提升系统价值也有限，最终阻碍模块化发展，因此，必须推动结构模块化；模块化不仅激励知识动态创新而且促进知识静态稳定。工艺知识数据和经营理念最终要在装备上有所体现，特别是对模块本身以及模块之间的关系进行处理，更需要把知识数据和经营理念嵌入制造设备，从而具有与加工制造对象相适应的工艺尺度以及与经营理念相契合的作业规程，并能使复杂模块制造体系在知识数据和经营理念上始终一致。制造过程控制战略使设计规则与制造过程统一起来，也有利于对模块化设计师的知识产权进行保护。

（2）技术知识引导战略

①提供设计语言。特定部件名称是设计语言关键部分，模块化实际上是产品"观念"在"结合处"进行分割，设计者们需讨论各种结构、每个设计如何运行以及对这些结构运行的所想和所得；规定哪些模块可纳入系统及其对系统的贡献，并构成设计规则"结构要素"，为每个设计者提供交流平台。

②指明价值所在。用户把系统作为整体来进行评价（如计算机运行速度），而哪些模块影响系统整体功能则需知识指导，并从中知道怎样进行努力；实现从价值空间到设计空间的转换，并确定设计规则"界面联系"，以整合每个设计者的智慧和力量。

③确定质量标准。在对系统地图与价值所在进行充分描述后，价值与模块之间在方位上基本上确立了相互关系，产品性能和用户花费（性价比）是被用户所广泛采用的标准尺度；将用户价值转换成模块性能，并整合设计规则的"测试标准"，给各个设计者提供设

计标准。技术知识引导战略是市场价值引导战略的必要补充，特别是随着模块化的发展，模块测试日趋重要，设计标准更是必不可少的。

2. 模块化控制战略

（1）设计规则控制战略

①进行规则化塑造。尽管模块设计制造企业可根据其自身优势实现模块作业，但其前提是必须遵守模块化设计规则这个过程实际上表现为在规则化生产工艺过程的基础上部件设计制造模式的逐步定型，从而构建其技术内涵和竞争能力。因而，模块化设计师可把握模块设计制造企业的规则化生产工艺塑造过程。

②开展标准化整合。模块设计制造企业的知识积累必须为规则化生产工艺过程服务，而其途径是接受模块化设计师培训。这个过程在实际中表现为标准化知识积累基础上的悟性领会吸纳过程，从而建立工艺知识和框架知识数据库。因而，模块化设计师可通过系统标准对模块设计制造企业进行流程再造整合。

（2）制造过程控制战略

①生产有序化。模块化制造过程首先包括一些生产问题，这就不仅需要进行组织和制度创新，也需要管理和文化稳定，从而使模块不仅具有一定创新水平还能够保障模块供应。而模块化不仅是一个创新方法，而且是一种组织工具，并可实现生产过程创新基础上的有序化。

②工程稳定化。模块化制造过程还包括一些工程问题，这就不仅要发挥模块制造个体的判断决策作用，也需要利用历史数据的深厚知识积淀，从而要求模块制造个体的知识经验、能力遵守战略联盟。而模块化设计师在获得知识垄断能力后，也可对制造过程进行内部化，通过战略延伸加强其控制能力。

③委托设计战略有利于激励模块设计创新。尽管模块设计处于模块化设计师和大型制造厂商控制之下，但只要遵守设计规则和符合制造尺度，就可激励各方设计力量投入模块设计竞争中，从而提高模块的创新水平。可见，委托设计战略有利于模块化设计师实施一体化经营，可发挥大型厂商制造平台的作用并结合社会力量进行模块设计创新。

3. 模块化匹配战略

（1）规模定制战略

①规模定制战略有利于实现规模化生产和满足差异化需求。知识边界与物理边界都小意味着知识模块化与物理模块化程度都高，这样就可把模块规模化生产与系统模块组合多样性统一起来，并可在此基础上促进产业融合创新，不仅能够形成模块生产的规模经济，

而且能够满足客户差异化需求。

②规模定制战略促进系统完善。产品定制实际上就是把客户差异化需求作为设计约束,其定制深度取决于定制点,无论是定制点局限于各个模块本身还是深入系统结构、界面和测试中,都对设计规则兼容性提出了更高要求,促进模块化进一步完善。

③规模定制战略促进系统深化。产品差异实际上就是实现模块组合多样性,其取决于系统中模块数量和创新,无论是模块数量增多还是模块创新明显,都要求分割得更加细致以促进设计竞争,从而促进模块化进一步深化。可见,规模定制战略有利于规模化生产和差异化需求统一,促进模块化系统的完善与深化。

(2) 委托制造战略

①委托制造战略有利于保证质量安全和利用外部制造能力。知识边界大而物理边界小意味着知识模块化程度低而物理模块化程度高,这样可把跨边界参数纳入设计规则中,有利于模块化设计师对质量安全问题的更多考虑,同时制造过程可进行精细分割,以更好地利用外部加工能力。

②委托制造战略有利于模块化设计师进行知识垄断和战略控制。模块化设计师主要进行设计规则的制定和完善,获得对设计知识的一定垄断能力,可提高模块化设计水平,但加工外包可能影响产品制造过程中的质量安全,因而可利用其较强知识垄断能力和较高设计水平对加工制造过程实施控制。

(3) 委托设计战略

①委托设计战略有利于发挥制造平台作用和调动各方面设计力量。知识边界小而物理边界大意味着知识模块化程度高而物理模块化程度低,这样就把产品制造集中在一个或少数企业中,从而有利于发挥大型厂商制造平台的作用,同时可对模块进行分散设计,有利于调动各方面的设计力量。

②委托设计战略是模块化设计师战略控制的有效延伸。大型制造厂商可利用生产加工优势,而把专用模块设计外包出去,能够提高生产工艺水平。这通常需要与模块化设计师建立并实施市场价值引导战略,并获取更多模块化利益,弥补设计规则"沉没成本"和测试集成"周期成本"。随着模块化的发展,战略实施空间和利益空间也就更大。

(二) 模块化竞争优势

1. 来自模块化自身的竞争优势

模块化有源于其自身的竞争优势。弱势企业应挖掘"隐藏信息",潜心模块设计,并及时把握获利机会;强势企业要控制"明确信息",并处理一些关键"隐藏信息",通过模块化设计充分利用外部资源；企业进行"行路图"设计并成为模块化系统开拓者；模块化企业组织进行模块化设计并对市场变化做出灵活反应。

（1）模块设计在于掌握相关产业进展并及时把握获利机会

如果不是产业中的强势企业，还不得不依赖其他企业提供的"明确规则"，此时就只能从挖掘"隐形信息"入手，潜心做一个特定模块设计者，但这并不是说，仅仅知道直接竞争对手就够了，而是要确切地掌握相关领域的所有进展，并把本企业优势与其他领域中新兴产业巧妙地结合起来，才能及时把握模块设计的获利机会。因为任何模块创新、产品结构以及整个系统的创新，乃至不同行业的合作都有时能带来麻烦。

（2）模块化设计在于超越所掌握资源并充分利用外部资源

模块化具有双重结构，或者作为模块的设计者，但必须符合已有结构、界面和规则；或者作为"明确规则"即模块化的设计师，但必须使模块设计者确信其具有竞争优势。而只有成为模块化设计师，才能超越目前掌握的资源，并能够利用其他企业的资源。对于模块设计者而言，如果具备一定实力，特别是在市场混乱时，应尽可能迅速成为模块化设计师，从而进入一个新境界；而对于模块化设计师而言，尽管是强势企业，也需设计"隐藏信息"，以保护核心部分免遭渗透。因此，模块化设计师应同时拥有"明确信息"和一些关键"隐藏信息"。后者如IBM，虽然控制着共同界面，但其他公司制作了与IBM机器兼容的应用软件和周边机器，并侵蚀其利益，IBM因此开始设计关键模块，构建防御设施。

（3）"行路图"设计在于把握先机并成为模块化系统开拓者

"摩尔法则"成为鞭策人们不断创新的"强制性频率"，并巧妙地起到了"行路图"作用，促使相关企业或产业不断进取。"行路图"设计者自己设计并不断改进"行路图"。正是那些"行路图"设计者，才能预测问题并尽早采取措施，使一个个技术瓶颈被突破。

2. 来自模块化环境的竞争优势

模块化有来自环境的竞争优势。数码化提供了最简单明了的"共同界面"并促进了信息"浓缩化"；创新文化促进了"淘汰赛"和"开放性"并可改善"利益结构"；科学商业化促进了知识的"研发效率"和"近距离管理"并可挖掘"选择价值"；政府支持促进了风险资本"合作平台"和风险"可预测管理"并提高创新"可能性"。

（1）数码化提供了模块化"共同界面"并提高了模块信息"浓缩化"

数码化使所有信息都能用一维的"数字序列"来表达，同时，数码化使信息处理速度有了进步。信息无论在界面还是在速度上都达到了用数字联系代替功能联系的水平，从而提供了模块化最简单明了的"共同界面"，并提高了模块信息的"浓缩化"水平。历史上共经历了三次数码化。最原始的第一次数码化是通过一维"数字序列"的组合来表达复杂的意思，即对象数码化；第二次数码化，除了表达信息外，还能够用比特为单位对信息进行机械处理，即存储数码化；第三次数码化，不仅能够表达和存储信息，也能通过表达和存储计算步骤对信息进行智能处理，即控制数码化。

（2）创新文化促进了"淘汰赛"和"开放性"并可改善"利益结构"

模块化总趋势是企业垂直解构，许多新兴企业在大企业周围涌现，而从原企业直接分化出来则是最好的途径。正是创新文化为创业精神传播提供了"空气"，才使新企业能从原公司独立出来，并成为创业精神进一步传播的种子。

（3）科学商业化促进了知识的"研发效率"和"近距离管理"

"选择价值"设计模块具有很大的不确定性，反复实验次数越多，人力和资金的投入也越多，实验成本也越高，但也越有可能产生一个更有价值的模块。这是一个充满魅力的"淘汰赛"，对追加努力的边际收入完全包括在这场"淘汰赛"获胜概率的提高上。科学商业化包括科学家的市场意识、经营者对知识的理解和金融市场的技术营销。

第七章　数字经济管理与创新发展方向

第一节　数字经济的创新管理与产业转型

一、数字经济的创新管理

随着数字技术的进步、数字产业的不断增长，一种由实物和数字组合而成的崭新的创新舞台正展现在我们的面前。然而，与数字化技术在产业重构过程中越来越占据中心地位的趋势相比较，实现数字化革新越来越困难，越来越多的企业与地区对数字化革新充满希冀与恐惧。20世纪90年代的第一代数字化浪潮加速了企业内部的流程优化，且现代的数字化革新已经超出了企业内部范围，面向客户开发的"纯数字产品"与"整套解决方案"已经渗透到企业与外部竞争环境博弈的各个层面。现代数字化革新过程特别迅速，难以预测和控制，这是区别于传统工业时代和数字化初始阶段的新过程的。

（一）数字化革新的实施方式

管理数字化革新过程具有独特性，吸引了越来越多学者探索其新的价值创造方式。

1. 数字化革新的核心理念与价值

数字化革新是指利用数字技术，可将数字与实物组件进行重新组合创造新产品，以提升产品和服务的价值，开启企业发展的新领域，并借此挑战现有市场格局，最终引起该领域商务模式和生产模式的转变。数字化革新经历电气自动化阶段后，已经进入完全数字内容产品与数字智能阶段（通过实物产品的动作指挥、位置确认、模式选择、自我学习以及记忆回溯等数字化技术完成实物产品的人工智能行为）。数字化革新可以改变现有的价值生成结构，产生强大的新价值生成力，数字技术不仅可以创造新的产品，而且可以协助企业提升组织运营效率，获得新的商业模式。数字技术支持企业开发和运行多个并行的商业模式，创造了企业成长适应性与灵活性的新价值，而这些价值不仅有益于企业，而且为整个数字商业生态系统拓展了新边界。

就数字化革新的价值而言，一方面，数字化革新是通过技术杠杆放大了企业的组织适应性、业务开拓性和技术灵活性。这是一个系统属性，通过与外界之间的高频次交互改善企业能力，又被称为自生成拟合。实现企业的自生成拟合创新原本是十分艰难的，然而，模块化技术与理念打通了数字技术的相互依存关系，实现了自生成拟合创新的技术突破，这就是典型的技术杠杆放大作用。另一方面，数字化革新使组织从独立个体的视角重新审视其在现有数字社会网络中的空间价值。在数字商业环境中，通过数字化网络提供新的整套商业解决方案以及寻找全新机遇的能力是重要的数字化革新价值，这一价值侧重企业在数字化商业空间中的位置，这些新现象与新方式需要我们重新定位并深刻认识数字化革新的价值。

2. 数字化革新的一般策略与特征

数字化革新已经经过了一个由简入繁、日渐丰益的过程。以网络购物为例，数字化革新以简陋的订购目录展示和电子邮件商务的形式登上历史舞台。然而，经过不断演进，现有的以在线推荐系统、比价系统、定位系统、陈列系统以及长尾体系为主要利益来源的在线销售模式日趋完整与完善。上述数字化革新看似复杂，究其本质，可一般化为两种策略：数字嵌入策略和完全数字战略。

数字嵌入策略是指将嵌入式数字组件植入实物产品或者机械系统，使产品升级为智能实物产品，同时利用数据的在线和移动服务，不断改善产品或服务的品质。在日常生活中，我们可以观察到智能技术在家电领域（自动扫地机、智能电视等）的广泛应用，应用了客户竞争报价与实时呼叫系统的新型出租车企业正在改造传统出租车行业等现象。同时，此类数字嵌入式产品也出现在工业生产中。嵌入式数字产品让实时监控和预测替代了传统的计划式生产，渗入从产品设计到大规模生产的各个环节中，如定制生产技术、3D打印技术、实时仓储技术、机器人技术等。

完全数字策略是指在电子终端设备中将信息产品以完全数字式的模拟形式呈现在用户面前；如电子图书、地图导航、股市监测、互联网游戏等，此类产品也被称为数字内容产品。随着数字终端设备的不断出现，数字内容产品已经成为大众的重要消费构成。当市场的消费模式改变后，以信息产品为基础的媒体行业目前正处于这样一个转型的过程之中，纸质报纸、磁带等信息载体不断退出历史舞台。此类媒体企业不得不减少传统形式的媒体产品的产量，转而选择新的电子媒介。此外，大型电器零售和百货零售企业纷纷收缩实体门店，战略转型经营在线市场，说明完全数字化驱使以信息不对称为支撑的大量传统服务业纷纷进入颠覆性革新期。

数字化革新的两种策略看似简单，任何企业实施都需要面对其独特性的挑战。首先，数字化革新节奏快、变化大。数字技术具备可塑性，可以快速重新组合为新产品。这种快节奏不断刺激企业快速开发"混合"或"智能"型数字产品，也不断快速淘汰企业的"新"产品。其次，数字化革新过程难以控制和预测。由于生成过程的复杂性，数字产品创新常常不是由单一企业有组织完成的，由数量庞大、形态各异、没有事先分工的大众自发形成的随机创新。企业利用数字技术模块或平台的形式来创新产品，可以产生越级创新，每一次创新又会为下一次越级创新提供平台，这样的随机创新与迭代开发形式使得数字化革新极为复杂。

数字化革新是一种手段，行业新进入者与已有巨头间的数字化博弈最终导致行业层面的巨大转变。当然，这种转变也伴随着企业个体的组织管理形式的改变。

（二）数字化革新的组织管理形式

分析数字化革新的组织管理形式可以从两个维度入手。

一个维度是创新的关键数字资源和知识的集中度。其极端形式是一个高度集权、垂直管理的数字化系统或企业，将所有优质核心资源牢牢掌控，从而可以以低成本获得高质量的创新。此类垂直一体化创新型企业拥有专利、品牌或核心技术的唯一所有权，通过自上而下的创新管理过程，调动资源实现目标。但是，在开放式、模块化、自适应的数字化现代商业环境中，还存在着另一种极端情况。有些数字化革新往往出现在一个在治理关系上高度离散的商业市场中，其中没有一个正式的层次结构，没有一家企业掌握所有的资源核心。在这样的创新环境中，所有的参与者是一个共同利益体，虽各自创新、快速学习，但创新的成果将不断相互叠加、嫁接，并最终形成多元复合的新数字产品。

另一个维度是相关资源的功能属性，数字资源既是连接性资源也是融合性资源。数字技术作为连接性资源，扩大了创新的应用范围，克服了时间与社会边界的限制，减少了时间成本。这体现在新的组织形式，如虚拟团队、开放型创新或众筹外包的业务模式，这些数字化模式可以提升流程效率和协作能力，实现多个专业组织的知识或资源的协同。此类连接性数字化革新有助于多个组织协商提出设计要求和选择特定的解决方案，并不局限于软件企业，通用电气、宝洁公司等实体企业已经利用基于互联网的连接性数字化资源找到全球外包、技术共享等新解决方案。与连接性资源相对应，数字化革新还能创造另一种融合性资源。嵌入式数字产品可以通过融合性操作转化为新产品，从而创造新的功能。无须依赖任何外来资源与组织，模块化和嵌入式数字技术赋予实物产品内生的自我创新的能力，这种数字化过程被称为数字融合。数字融合在技术创新层面几乎不需要外部创新网络的支持，同时又可使传统产品具备可操纵性与智能性，这是数字产品创新的显著特征。通过数字融合，在未来，传统实物产品将兼具交互功能、实时服务功能（如家庭设备智能化）和根据外部环境自主决策的功能（如无人驾驶汽车）。

根据上述两种维度，数字化革新可以区分为项目型、氏族型、联邦型和混沌型四种组织与管理形式。

1. 项目型数字化革新管理

项目型多发生在一个企业内部，由企业调动自有资源，通过结构的管理体系，实施目标明确的数字化革新。在项目型数字化革新中，管理结构是科层式，参与者是单一学科的专业人员，使用标准化的数字处理工具（如计算机辅助设计工具等），专注于明确的目标。通常用能力成熟度模型、全面质量管理等相关常规标准衡量此类数字化革新成效。

2. 氏族型数字化革新管理

氏族型是"一个共同利益驱动的群体"，其成员的地理位置高度离散，但各成员之间的知识体系相似、密切联系，出于共同利益产生协作生产。氏族型创新团队的成员（可以是组织或个人）使用相近且通用的开发工具，使用同一套专业话语体系和知识体系来阐释他们的产品理念。然而，这些成员既不受到严格的科层管制，不会对一个统一的权力中心负责。在这里，创新者更像志愿者而非员工，他们在社会联系的基础上根据他们的自身利益和兴趣行事。各成员在一个统一的技术平台上工作，以技术平台的标准判断创新产品的质量（如开放源代码社区）。氏族型并不是依赖传统结构分层控制的，而是依靠技术社区平台中公认的精英领袖控制并左右预期的创新方向与质量。在氏族型革新中，少数核心领袖和外围追随者共同参与，核心成员主要负责规范工作流程、制定参与规则，外围追随者根据自己的兴趣与特长自愿选择工作任务。氏族型与项目型最大的区别在于，共同的技术或社区平台可以动员离散分布的志愿者分享他们的知识资源，敦促他们贡献各自的专长，其本质原因是平台凝聚了成员们的共同利益与共同兴趣。

3. 联邦型数字化革新管理

联邦型是指在一个系统管理的数字化革新联合体内部（如企业协议联盟），跨多个不同的行业领域，以科层管理为组织结构，成员使用不同学科的资源与知识，联合开发一个新数字产品。此类创新工作的知识来自跨多个学科的知识社群，创新联合体可以控制创新的关键要素，可以自由调动汇集在一些数字或知识平台上的资源。这些知识社群的资源受到所在企业的严格控制，必须以企业协约联盟的形式才能进入创新联盟的数字化革新平台。一旦进入创新联盟，各个专业的知识社群就会严格定义与规定标准化、模块化，开发有助于联邦型数字化革新的组件和接口，最终集成一个新的巨型创新产品。联邦型数字化革新有三种典型应用。一是在大型制造类行业，如航空航天、远洋船舶。这些产业的发展需要调动和整合从交通工程、机械工程、材料工程、电子电气工程、制造、物流配送到工业设计等不同的知识社群的创新。二是服务性行业，可应用联邦型创新的组织形式提供服务的综合解决方案。在这些行业中，企业通过专业咨询团队实施与客户交互，采用跨产业、跨地域的数字手段动态管理业务。三是部分企业将上述制造类企业与服务类企业的应用合二为一，为客户提供设备加解决方案的综合产品，而不是提供单独的软件系统或设备组件。此类企业不但为客户提供成套设备，还要针对客户所在行业的具体发展趋向，为客户专门设计整套生产与经营流程。

联邦型数字化革新发挥作用的关键是内部信息交互的激励机构，必须能够鼓励相关创新者将最新的知识资源报告传递给创新联盟的决策者。在联邦型数字化革新中，成员来自产业关联、行业不同的各个知识社区，凭借不同类型的数字资源库、研究能力和社会网络工具的组合，从一个行业外部带来大量的新资源、新视角，使该创新联盟不仅拥有技术上的创新优势，而且拥有跨产业的新颖视角，保持从技术到网络的全面竞争优势。然而，每个企业都有利用核心技术获取经济租金的强烈动机，这往往与整个联盟获取最大利益相悖，成了创新联盟发展的瓶颈。因此，创新联盟需要建立平台黏性与激励机制，既可以保护各个成员单位的利益，又可督促创新者乐于在平台中提供最新成果。

4. 混沌型数字化革新管理

混沌型主要服务于跨行业边界的数字化革新，其主要特征是组织成员的知识与专业背景迥异且高度动态流动，组织管理松散，创新的最终成果并不明确，具有高度的随机性。

从事混沌型数字化革新工作的团队，致力于超越传统的行业界限，开发出更加新颖且有开创新领域意义的产品。每个成员（企业或个人）并不是有意参与一次目标宏大的创新活动，而是遵循自己独特的商业逻辑和创新路径，在狭窄而又专业的领域不断探索。然而，他们创新的路径和成果必然会在创新过程中相互交织，使每个创新参与体都受到影响和冲击。这一现象在移动服务市场中表现得最为明显，随着个体移动数据传输应用的不断拓展，各大移动服务商纷纷学习并随之调整业务结构和企业发展战略。在这些市场上，无数以前从未有任何联系的成员（手机运营商、软件公司、内容提供商、硬件设备制造商、广告公司等）一起创造新的市场机会、商业模式和技术标准。然而，在这个创新过程中并没有一个明确的组织者与组织机构。

混沌型数字化革新管理需要注意如何调和成员间的利益冲突、促进不同企业文化和知识背景的成员之间的良性沟通。整个创新的构架搭建和成员参与都是以自组织形式随机实现的。首先，这一创新过程涉及太多不同的知识资源与行业背景的成员，仅仅是内部沟通就极为艰难。不同背景的成员不断涌入这一创新过程中，大量的新知识、新理念需要消化吸收，还要在消化吸收的基础上不断创新，整个创新过程的复杂程度将呈几何级数增长。此外，与联邦型数字化革新类似的问题，在如此松散的组织体系中，几乎无法建立一种人人满意的资源分享激励机制。这种体系既要支持不同背景的成员之间可以沟通，又要建立信任和共享的奖惩机制。同时，由于技术和商业模式的飞速进步，上述机制也必须是高速动态自适应的。因此，混沌型数字化革新需要建立一个约束性、灵活性和开放性高速动态统一的管理机制。

二、教育产业的数字化转型

在"互联网+"背景下，教育与时俱进，将信息技术融入课堂教学，给教学方法带来深刻变革。积极探索更加准确高效的课堂，提高教育教学质量，运用现代技术进行创新教学，精准教学将是每个教师的任务。

随着云计算、大数据、物联网、人工智能等新一代信息技术的快速发展和深入应用，推动人类社会逐渐步入了信息社会和智能社会。人类的生产方式、生活方式、思维方式和学习方式等受到了颠覆式的影响。信息技术不仅仅在改变当前的教育模式，也在为未来的教育提供更多的可能。未来的教育是建立在网络环境下的开放教育的基础之上的，比如近几年出现的"慕课"和"知乎高校"互联网时代的教育更加注重学生的个体化和多样性，互联网时代的教育更加重视引导学生愉快地探索和学习。互联网时代的教育不再局限于传统教育的受众，而是注重培养终身学习的观念。新的时代背景和新的现实问题对未来教育改革和发展提出了新的要求，同时，也为培养高素质人才、创新型人才、复合型人才提出了更高的要求。更新教育观念，转变教育模式，重构教育体系，培养创新型创业人才，其是信息社会发展的必然要求和现实选择。

（一）当前教育体系

当前的教育体制有它自身的长处，正是因为在一定时间里持续且高效地向学生输出相关知识，培养专业人才，所以才有我国迄今为止的高速发展。但与此同时，它自身也存在不可忽视的短处，尤其是不利于创新型人才的成长。其中最主要的问题就是大家对教育的主观认识，过于局限和聚焦在"知识"学习上。教师传授知识，学生获取知识，用考试的成绩衡量知识的掌握情况，这些好像就是目前教育的全部内容。"知识就是力量"这句话伴随着一代人的成长，大家耳熟能详。由此可见，创造力需要有知识，却也不仅仅是知识。

在学校的教育中没有重视和保护创造力所需的必然元素，比如好奇心和想象力，这些能力本是与生俱来的，并不需要老师过多的培养。如果按照这样的思路进一步思考，高校的教育改革所面临的核心问题其实是：学校除了教学生专业知识或技能外，还要营造一种环境，力求保护和鼓励学生的好奇心和想象力，让它们在学生的思维中生根发芽。

（二）"互联网+"教育走向未来

一所学校、一间教室、一位老师，这是传统教育；一个互联网、一部移动终端，不限量的学生，自由选择学校和老师，这是"互联网+教育"。"互联网+教育"可以颠覆传统教育的"固定模式"——由固定教师在固定地点、固定时间内完成固定的学习内容。学生可以借助互联网随时随地、随心所欲学习自己感兴趣的知识，进一步打破限制，拓宽了学习的广度。互联网突破了教育的时空限制和突破空间限制，推动了教育资源的分享，带来了真正公平且高质量的教育方式。

1. 让大众教育真正变为可能

优质教育资源与边远贫困地区之间的距离由最初的千里缩小到一屏，网络教育开辟了现代教育的新模式。目前，互联网已经成为推动教育公平，促进素质教育均衡发展的重要力量。在信息和互联网快速发展的浪潮中，依托不断进步的互联网技术，传承数千年的理想化教育已经开始逐步变为现实。

2. 无边界的教育资源——慕课

在线开放课程其实就是中国版的"慕课"（MOOC，英文直译"大规模开放在线课程"的缩写）。翻转传统课堂，打破校园围墙，不仅仅是有利于学生跨校选课，还有助于学生打破知识的空间局限，促进高质量教育资源的共享。当大部分课程都可以从教室扩展到不同地区的学生的电脑和手机等终端时，中国教育的东中西部教育资源差异问题就可以有所缓解，所有的学生都可以平等地听到国内一流高校优秀教师课程，并且与他们互动。教育部推动了各高校优质资源的流通和联动，为学生分享优质教学资源提供了新的渠道。慕课未来的发展应该继续从提高质量和促进公平两个方面寻求突破。质量是实现优质共享的基础，公平是实现广泛共享的保证。没有质量的共享是没有价值的，缺乏公平的共享也终究只能是"纸上谈兵"。

3. 教师角色的转变

在"互联网+"时代，不仅教育资源更加丰富，而且学生接受教育的渠道也更加多元和灵活。除此之外，教育行业的另一个主体——教师的角色也在悄然间发生了改变。

首先，教师这一角色由权威变为非权威、课堂逐渐呈现去中心化的趋势。互联网拓宽了学生的信息来源渠道，传统教育模式下，老师教什么学生学什么，很难提出质疑。但时至今日，信息爆炸的当今社会使学生每天接收大量各类信息，从而生成个人的观点。老师在传授知识的过程中也需要根据时代的变化和发展不断汲取新的营养从而进行自我革新。在传授知识的过程中由原来的单向传播转为互动性传播，老师不再代表着课堂的权威，而是与学生在讨论的过程中进行思想的碰撞从而推动双方的进步。

其次，互联网加速了社会的更新速度，要求老师也要与时俱进。除了学生群体的多样性和学生个体的复杂性以外，教育的复杂性还体现在其行业本身的多变性。这就决定了学生的学习和老师的教学是永无止境的，因此也决定了教学本身也是一个共同成长的过程。只有不断学习和思考，及时更新知识储备，更新教育观念，改进学习和教育方法，才能不为时代的浪潮所淘汰。这也要求教师必须把自己的想法和方法纳入时代的要求，才能尽可能做到和学生共同成长。面对日新月异的社会发展，墨守成规的教师已经无法满足社会的需求。

再次，从信息源转换为信息平台，教师不再是学生获取知识的唯一渠道，而是对学生进行引导和启发。信息技术飞速发展的时代，教师要学会与时俱进，着力激发学生求知的兴趣。从某种层面上来看，这样的教师已经不再是信息的源头，而是逐渐演变为提供信息的平台，他们将原本纷繁复杂的信息挑选、加工、整理，然后带给学生启发。

最后，从园丁的身份转为引路人。老师不仅要教书，更要育人。"广大教师要做学生锤炼品格的引路人，做学生学习知识的引路人，做学生创新思维的引路人，做学生奉献祖国的引路人。"

三、旅游产业的数字化转型

（一）智慧旅游助力传统旅游业突破瓶颈

智慧旅游是在信息化智能化的时代背景下，通过物联网、云计算、大数据等最新技术，充分提高感知和利用信息的能力，及时传递、整合、交换和利用旅游目的地的各种信息，如经济、文化、公共资源、生态环境、饮食、生活、旅游、购物、娱乐等，使物与人、人与人、物与物之间的关系更加紧密。这样可以大大提高政府和企业的旅游管理水平，提高企业的服务和运营效率，为广大游客提供极大的便利，增强旅游业的体验。这些优势使智慧旅游成为下一波"互联网+旅游"的发展热潮。

智慧旅游强调旅游与信息技术的融合，搭建智慧旅游平台，利用"互联网+"的方式介入传统旅游产业。通过沉淀大数据，打造旅游大数据等方式为旅游业的各方参与者提供优质服务。智慧旅游的核心竞争力是通过数据分析获取消费者的市场需求，只有把准市场的脉搏，才可以为目标人群开出对症的药方。

目前智慧旅游系统主要包括以下几个组成部分：第一，智能导览。只要打开手机的定位功能就可以通过手机 App 或者微信给自己定制个性化的旅游路线并提供沿途景点的语音讲解。第二，虚拟拍照系统。游客只需站到蓝色背景墙前，选择自己喜欢的景点，根据面前的显示屏调整好拍照位置和姿势，通过手势选择拍照即可。第三，游客互动系统。比如南京博物院的一个展厅里面，放置了很多触屏的背景。进行一些问答类小游戏或者信息咨询等互动，可以回答一些与展厅展览的主题或展品相关的益智问答之类。第四，客流分析系统。客流分析系统最大的作用就是可以分析出单个区域的客流人数、客流密度和客流方向。如果密度超过一定数值的时候，就很可能会引起踩踏事件的发生，这就需要及时对人群导流，同时合适的客流密度也会为游客带来更好的旅行体验。

虽然智慧旅游的应用已经逐渐成为行业发展的共识，但是其自身依然存在不可忽略的短板和瓶颈，可以简单归纳为以下几点：第一，数字景区建设没有科学实用的规划和总体框架，没有适合不同层次、不同类型景区的完善建设和运营模式。如自然风光类景区和历史人文类景区对智慧系统的要求是各不相同的，但现在的数字景区系统大部分无法因为实际情况进行"私人定制"，因此在智能性上会大打折扣。同时，市场上的各大智能旅游平台提供商所提供的产品和相关服务上存在明显的同质化倾向。基于其无法适应市场多元化需求的现状，在未来的发展过程中，各个企业可以考虑深耕垂直领域的发展路径，从"大而全"向"大而专"过渡。第二，中国智能旅游项目的规划、建设、投资和运营大部分都是由当地政府主导。许多数字景区的建设和日常运营维护的资金都不能得到充分的保障。因此，未来可以广泛吸引市场和社会力量的参与，拓宽资金来源的渠道。第三，我国还没有形成统一的数字景区建设标准体系和行业规范，致使不同标准之间的不协调性和不兼容性的问题更加突出。整体的信息系统缺乏协同与共享，"信息孤岛"现象仍然频频出现。因此，未来的发展需要打破现存信息壁垒，实现产业链各环节的互联互通。

虽然经过梳理后发现智慧旅游的未来发展依旧布满荆棘。智慧旅游本身作为一个新事物，也代表着传统旅游业在互联网时代的未来发展趋势，其出现到成熟总要经历漫长的过程，相信在经过市场洗礼和社会检验后会逐步走向完整化。

（二）"互联网+"旅游新玩法

对于旅游行业来说"大数据"和"互联网思维"的出现，为传统旅游业注入了新动能。传统旅游业在经历了高速发展的阶段后，市场逐渐趋于冷静，而互联网的加入重新定义了旅游行业。

互联网与传统的旅游业融合发展已经越来越成为一种不可阻挡的趋势，这也是新的时代特点对传统旅游业提出的要求。随着我国旅游市场的主力消费人群逐渐向青年一代倾斜，在线旅游市场渗透率会进一步大幅度提高。

1. 平台化旅游

随着互联网的普及，人们对于互联网的使用度和依赖性远胜于以前。比如，人们越来越喜欢利用互联网来规划自己的假期旅行。随着顾客的需求，在线旅游服务变得更加复杂和多元，"平台化"特征日益明显。

随着互联网走进千家万户，用户群体越来越庞大，消费习惯越来越成熟，在线旅游市场将出现一个巨大的长尾。最明显的表现就是消费者对旅游产品差异化和个性化的需求越来越旺盛，旅游平台逐渐代替旅游电商成为用户的首选。这一现象的实质就是互联网技术的不断成熟和互联网精神不断渗入旅游行业。

市场中存在两大阵营：一是以携程、艺龙、途牛等公司为代表的传统OTA（Online Trave Agency，在线旅行社）企业。二是以阿里旅行、去哪儿网为代表的在线旅游平台。在以上两个阵营中，OTA公司专注于线下产品的开发，从商业模式来看，这一阵营更像传统的旅游公司借助互联网进行了渠道整合。相比之下，阿里旅行（飞猪）和去哪儿网等平台服务提供商拥有更加纯粹的互联网基因，并且真正做到了轻资产，将注意力专注于线上平台建设。线上数据的积累使它们对客户需求更加敏感，平台灵活的商业模式使其更容易整合各类渠道商和旅游产品。从本质上来看，OTA更加倾向于是一种在线旅行社即作为代理商直接与酒店或航空公司等产业链其他环节合作，来赚取巨额利润的商业模式。类似飞猪和去哪儿网等旅游平台，它们倾向于通过整合行业内的中小OTA企业的产品信息，然后面向用户提供各个OTA的线上销售的服务，是连接传统OTA企业和消费者的一种桥梁和渠道。

总体而言，虽然OTA公司在网上旅游行业一直占据着不可取代的地位，但是在线旅游平台的迅速发展使这些公司看到自身的缺陷，以携程为代表的传统OTA企业也在悄然向在线旅游平台过渡。一方面，OTA本身拥有众多线下渠道，其思维方式与"重资产"的传统旅游企业有着千丝万缕的联系，一时难以适应新注入的互联网基因。另一方面，将原本以产品开发为核心竞争力的公司转化为以平台搭建为主的公司，其转型并不容易。

2. 社交化旅游

社交化旅游表现形式以团队游为主。随着消费者个性化需求的不断提升，自由行愈发成为一个趋势，而自由行又与社交旅游息息相关。比如，驴友之间的组织、游记的分享等。

"社交旅行"是指以旅游为载体，通过团队出游、社交平台分享等手段满足消费者社交需求的旅行方式。社交旅游的形式最早是伴随着社交平台一同出现的，通过更新旅行照片和游记的方式吸引"粉丝"。如今，在微博、抖音等社交平台上也出现了大量的旅游博主且"粉丝"众多。

社交旅游的实质是对生活质量的一种追求，因此用户对低价机票、低价酒店的关注度并不热衷，反而是关注更加适合自己、更具个性或更加新颖的旅游产品。这种旅行方式往往更受年轻人喜爱，而年轻群体对于社交平台的使用也是相对高频的。

因此，在社交类旅游产品的开发和设计过程中会着重考虑时下年轻人的需求，并结合当下最受年轻人欢迎的社交平台进行推广。比如，因为抖音而成为旅游胜地的西安和重庆洪崖洞等，虽然原本就是家喻户晓的旅游地，但因为社交平台的助力，吸引了年轻人的目光，引发了年轻人的出游欲望，并在旅行过程中，在各大平台上自发进行口碑传播，这样一传十，十传百，前去旅游的人络绎不绝，这是传统旅游业无法实现的。

3. 定制化旅游

定制旅游是指以客户需求为中心，满足旅行者个性化体验需求的一种旅游方式。旅游企业通过与消费者进行深度交流和沟通，让他们全方位地参与到旅游线路的设计、旅游主题的拟定、配套服务的筛选等环节，并且由专门的旅游定制师根据专业知识提出意见，共同设计出符合消费者需求的高品质方案。由此在大量的定制服务中，寻找不同消费者的核心需求，并逐渐在此基础上进行模块化生产。

传统旅游的核心是旅游资源和渠道资源。如何精准地预测出消费者的出行需求，然后安排一系列的诸如酒店、航班、景区等配套设施，这是打造传统旅游产品的主要方式。但定制游彻底颠覆了这种方式，其核心从最初的资源转移到客户需求。因此，行业内在设计定制游过程中普遍遵循以下四个原则上首先是以客户需求为目标导向。其次是注重互动性，使消费者的意见和需求得到充分尊重和满足。再次是基于旅游市场消费者的复杂性，定制游要满足多变的需求。最后是要体现出明显高于传统旅游的水准，因此，定制游的成本普遍较高，且面对的人群也主要集中于中高端收入者。但未来随着模式的成熟，边际成本的逐渐下降，定制游会逐渐成为大众化的选择。

定制游的出现也带来了旅游服务方式的变革。主要表现在互动性方面，消费者不再是被动参与而是主动交流，将自己的想法意见实时反馈给专业的定制师，并融合定制师的意见，形成相对完整和成熟的旅行计划。

第二节 数字经济的管理战略抉择

一、加快企业和市场的数字化创新步伐

推动数字经济发展,首先要解决的问题是如何从国家和政府层面采取积极的战略行动保障数字经济加快发展。

(一)加快企业和市场的数字化基础建设

因为信息化是数字经济发展的基础,大数据是数字经济发展的新平台、新手段和新途径,所以深入推进国家信息化战略和国家大数据战略,是加快数字经济时代企业和市场数字化基础建设的前提,是从国家和政府层面解决数字经济发展"最先一公里"的问题。

1. 深入推进国家信息化战略

当今世界,信息技术创新日新月异,以数字化、网络化、智能化为特征的信息化浪潮蓬勃兴起。全球信息化进入全面渗透、跨界合作、加速创新、引领发展的新阶段。谁在信息化上占据制高点,谁就能够掌握先机、赢得优势、赢得安全、赢得未来。

(1)信息化与数字经济的关系

早在 20 世纪 90 年代,数字经济的概念就已经出现。21 世纪以后,云计算、物联网等信息技术的出现,又将数字经济推向了新一次高峰。同时,大数据、人工智能、虚拟现实、区块链等技术的兴起为人们带来了希望,世界各国不约而同地将这些新的信息技术作为未来发展的战略重点。如今,数字经济引领创新发展,为经济增长注入新动力已经成为普遍共识。

通过数字经济的发展历程来看,数字经济可以泛指以网络信息技术为重要内容的经济活动。因此,从某种意义讲,数字经济也可以通俗理解为网络经济或信息经济。

现代信息技术日益广泛的应用,推动数字经济浪潮汹涌而至,使其成为带动传统经济转型升级的重要途径和驱动力量。根据数字经济的内涵和定义分析,信息化为数字经济发展提供必需的生产要素、平台载体和技术手段等重要条件。换言之,信息化是数字经济发展中的基础。信息化解决信息的到达(网络)和计算能力的廉价(云计算)及到达和计算能力的可靠性、安全性保障。具体表现为信息化对企业具有极大的战略意义和价值,使企业在竞争中取胜,同时企业信息化的积极性最高,因此在信息化中企业占据主导地位。

如近年出现的云计算、人工智能、虚拟现实等信息化建设，均以企业为主体，这主要是由于在信息社会，信息本身就是重要商品，人们大量地消费信息。数字经济的特点之一就是信息成为普遍的商品，主要任务是跨越从信息资源到信息应用的鸿沟。信息化是个人成长和需求发布和沟通的重要通道，是社会公平和教育普惠的基础，信息化使个人拥有极大空间。这是因为按需生产是数字经济的一个重要特征，而要做到按照需求合理地供给，必须靠信息。信息化是提升政府工作效率的有效手段，是连接社会的纽带。政府是信息化的使用者，同时由于信息化的复杂性，政府需要对信息化加强引导和监管。

（2）加快推进国家信息化战略

21世纪，促进数字经济加快成长，让企业广泛受益、群众普遍受惠。衡量数字经济发展水平的主要标志是人均信息消费水平。围绕"五位一体"总体布局和"四个全面"战略布局，牢固树立创新、协调、绿色、开放、共享的新发展理念，贯彻以人民为中心的发展思想，以信息化驱动现代化为主线，以建设网络强国为目标，着力增强国家信息化发展能力，着力提高信息化应用水平，着力优化信息化发展环境，让信息化造福社会、造福人民，为实现中华民族伟大复兴的中国梦奠定坚实基础。

（3）先行先试：加快国家信息经济示范区建设

一是打造经济发展新引擎，在制造业与互联网的深度融合、社会发展的深度应用、政府服务与管理的深度应用上开展示范。二是培育创新驱动发展新动能，突破信息经济核心技术，推进科技成果转化与应用，大力实施开放式创新。三是推进体制机制创新，重点在信息基础设施共建共享、互联网的区域开放应用和管控体系、公共数据资源开放共享、推动"互联网+"新业态发展、政府管理与服务等方面进行探索创新，以此持续释放信息经济发展红利。

2. 加快推进国家大数据战略

随着云计算、大数据、移动互联网、物联网和人工智能的出现，推动了第二次信息革命——数据革命，进入数字经济2.0时代。这一时期，大数据的迅速发展起到了更为关键的作用。

信息技术与经济社会的交汇融合促进了数据迅猛增长，数据已成为国家基础性战略资源，大数据正日益对全球生产、流通、分配、消费活动以及经济运行机制、社会生活方式和国家治理能力产生重要影响。尽管我国在大数据发展和应用方面已具备一定基础，拥有市场优势和发展潜力，但也存在政府数据开放共享不足、产业基础薄弱、缺乏顶层设计和统筹规划等问题，亟待解决。

(1) 大数据发展形势及重要意义

我国互联网、移动互联网用户规模居全球第一，拥有丰富的数据资源和应用市场优势，大数据部分关键技术研发取得突破，涌现出一批互联网创新企业和创新应用，一些地方政府已启动大数据相关工作。坚持创新驱动发展，加快大数据部署，深化大数据应用，已成为稳增长、促改革、调结构、惠民生和推动政府治理能力现代化的内在需要和必然选择。

①大数据成为推动经济转型发展的新动力。以数据流引领技术流、物质流、资金流、人才流，将深刻影响社会分工协作的组织模式，促进生产组织方式的集约和创新，大数据推动社会生产要素的网络化共享、集约化整合、协作化开发和高效化利用，改变了传统的生产方式和经济运行机制。大数据持续激发商业模式创新，不断催生新业态，已成为互联网等新兴领域促进业务创新增值、提升企业核心价值的重要驱动力。大数据产业正在成为新的经济增长点，将对未来信息产业格局产生重要影响。

②大数据成为重塑国家竞争优势的新机遇。在全球信息化快速发展的大背景下，大数据已成为国家重要的基础性战略资源，正引领新一轮科技创新。充分利用我国的数据规模优势，实现数据规模、质量和应用水平同步提高，发掘和释放数据资源的潜在价值，有利于更好发挥数据资源的战略作用，增强网络空间数据主权保护能力，维护国家安全，有效提升国家竞争力。

③大数据成为提升政府治理能力的新途径。大数据应用能够揭示传统技术方式难以展现的关联关系，推动政府数据开放共享，促进社会事业数据融合和资源整合，其将极大提升政府整体数据分析能力，为有效处理复杂社会问题提供新的手段。建立"用数据说话、用数据决策、用数据管理、用数据创新"的管理机制，实现基于数据的科学决策，将推动政府管理理念和社会治理模式进步，加快建设与社会主义市场经济体制和中国特色社会主义事业发展相适应的法治政府、创新政府、廉洁政府和服务型政府，逐步实现政府治理能力现代化。

(2) 大数据与信息化、数字经济关系

信息技术与经济社会的交汇融合引发了数据迅猛增长，大数据技术应运而生。与此同时，大数据的迅速发展又掀起了新的信息化浪潮，为信息产业和数字经济发展带来了新机遇新挑战

①大数据与信息化。与以往数据比较，大数据更多表现为容量大、类型多、存取速度快、应用价值高等特征，是数据集合。这些数据集合，这种海量数据的采集、存储、分析和运用必须以信息化作为基础，充分利用现代信息通信技术才能实现。

一是大数据推动了信息化新发展。大数据作为新的产业，它不但具备第一产业的资源性，还具备第二产业的加工性和第三产业的服务性，因此它是一个新兴的战略性产业，其开发利用的潜在价值巨大。实际上，我们对大数据开发利用的过程，即是推进信息化发展的过程。因为大数据加速了信息化与传统产业、行业的融合发展，掀起了新的信息化浪潮和信息技术革命，推动了传统产业、行业转型升级发展。所以，从这个层面讲，大数据推动信息化与传统产业、行业的融合发展的过程，也就是"互联网+"深入发展的过程。"互联网+"是一种新型经济形态，利用膨胀增长的信息资源推动互联网与传统行业相融合，促进各行业的全面发展。"互联网+"的核心不在于"互联网"而在于"+"，关键是融合。传统行业与互联网建立起有效的连接，打破信息的不对称，结合各自的优势，迸发出新的业态和创新点，从而实现真正的融合发展。大数据在"互联网+"的发展中扮演着重要的角色，大数据服务、大数据营销、大数据金融等，都将共同推进"互联网+"的进程，促进互联网与各行各业的融合发展。未来的"互联网+"模式是去中心化，最大限度连接各个传统行业中最具实力的合作伙伴，使之相互融合，整个生态圈的力量才是最强大的。

二是大数据是信息化的表现形式，或者是信息化的实现途径和媒介。在数字经济时代，信息技术同样是经济发展的核心要素，只是信息更多由数据表现，并且这种数据容量越来越大、类型越来越复杂、变化速度越来越快。所以，需要对数据进行采集、存储、加工、分析，形成数据集合——大数据。

②大数据与数字经济。大数据与数字经济都以信息化为基础，并且都与互联网相互联系，要准确理解大数据与数字经济的关系，必须以互联网（更准确讲是"互联网+"）为联系纽带进行分析。互联网是新兴技术和先进生产力的代表，"互联网+"强调的是连接，是互联网对其他行业提升激活、创新赋能的价值迸发。数字经济呈现的则是全面连接之后的产出和效益。即"互联网+"是手段，数字经济是结果。数字经济概念与"互联网+"战略的主题思想一脉相承。数字经济发展的过程也是"互联网+"行动落实的过程，是新旧经济发展动能转换的过程，也是传统行业企业将云计算、大数据、人工智能等新技术应用到产品和服务上，融合创新、包容发展的过程。由此看来，大数据是传统行业与互联网融合的一种有效的手段；同时大数据也是数字经济结果实现的新平台、新手段和新途径，大数据的发展推进了"互联网+"行动落地的过程，推进了新旧经济发展动能转换的过程；大数据加快互联网与传统产业深度融合，加快传统产业数字化、智能化，为做大做强数字经济提供必要条件和手段。数字经济时代，经济发展必然以数据为核心要素。

（二）进一步优化数字经济发展的市场环境

国家信息化战略和大数据战略的深入实施，极大地提高了企业和市场的数字化基础建设的水平，为数字经济发展提供了重要基础和新平台。另外，数字经济的发展还需要具备良好的市场环境。

1. 加强企业数字化建设

我国企业数字化建设仍然处于基础设施建设阶段，深层次应用与创新有待进一步提高。

因此，加强企业数字化建设，是企业发展数字经济，抢占新经济"蓝海"的当务之急。鼓励企业加大数字化建设投入，积极开展数字经济立法，不断优化市场环境和规范市场竞争，是加快我国企业和市场数字化创新步伐的必然要求。

2. 优化互联网市场环境

目前，市场数字化呈现快速发展趋势，但市场环境仍然不成熟。我国互联网行业已经由自由竞争步入寡头竞争时代。但是，由于互联网市场监管法规不完善，处于支配地位的寡头经营者很容易利用技术壁垒和用户规模形成垄断，从而损害消费者的福利和抑制互联网行业技术创新。

综上所述，中国数字经济已经扬帆起航，正在引领经济增长从低起点高速追赶走向高水平稳健超越，供给结构从中低端增量扩能走向中高端供给优化，动力引擎从密集的要素投入走向持续的创新驱动，技术产业从模仿式跟跑、并跑向自主型并跑、领跑全面转型，为最终实现经济发展方式的根本性转变提供了强大的引擎。

二、调整产业结构，提高信息化程度

数字经济正在引领传统产业转型升级，数字经济正在改变全球产业结构，数字经济正在改变企业生产方式。由此可见，数字经济时代政府如何调整产业结构，提高信息化程度，紧紧跟随数字经济发展潮流和趋势，是必须面对的新时代课题。

（一）大数据驱动产业创新发展

新形势下发展数字经济需要推动大数据与云计算、物联网、移动互联网等新一代信息技术融合发展，探索大数据与传统产业协同发展的新业态、新模式，促进传统产业转型升级和新兴产业发展，培育新的经济增长点。

1. 大数据驱动工业转型升级

推动大数据在工业研发设计、生产制造、经营管理、市场营销、售后服务等产品全生命周期、产业链全流程各环节的应用，分析感知用户需求，提升产品附加价值，打造智能工厂。建立面向不同行业、不同环节的工业大数据资源聚合和分析应用平台，抓住互联网跨界融合机遇，促进大数据、物联网、云计算和三维（3D）打印技术、个性化定制等在制造业全产业链集成运用，推动制造模式变革和工业转型升级。

2. 大数据催生新兴产业

大力培育互联网金融、数据服务、数据探矿、数据化学、数据材料、数据制药等新业态，提升相关产业大数据资源的采集获取和分析利用能力，充分发掘数据资源支撑创新的潜力，带动技术研发体系创新、管理方式变革、商业模式创新和产业价值链体系重构，推动跨领域、跨行业的数据融合和协同创新，促进战略性新兴产业发展、服务业创新发展和信息消费扩大，探索形成协同发展的新业态、新模式，培育新的经济增长点。

3. 大数据驱动农业农村发展

构建面向农业农村的综合信息服务体系，为农民生产生活提供综合、高效、便捷的信息服务，缩小城乡数字鸿沟，促进城乡发展一体化。加强农业农村经济大数据建设，完善村、县相关数据采集、传输、共享基础设施，建立农业农村数据采集、运算、应用、服务体系，强化农村生态环境治理，增强乡村社会治理能力。统筹国内、国际农业数据资源，强化农业资源要素数据的集聚利用，提升预测预警能力。结合构建国家涉农大数据中心，推进各地区、各行业、各领域涉农数据资源的共享开放，加强数据资源发掘运用。加快农业大数据关键技术研发，加大示范力度，提高生产智能化、经营网络化、管理高效化、服务便捷化能力和水平。

(二)"互联网+"推动产业融合发展

创业创新、协同制造、现代农业、智慧能源、普惠金融、益民服务、高效物流、电子商务、便捷交通、绿色生态、人工智能。

1. 推进企业互联网化

数字经济引领传统产业转型升级的步伐开始加速。以制造业为例，工业机器人、3D打印机等新装备、新技术在以长三角、珠三角等为主的中国制造业核心区域的应用明显加快。

(1)"互联网+"树立企业管理新理念

企业互联网思维包含极致用户体验、免费商业模式和精细化运营三大要素，三大要素相互作用,形成一个完整的体系(或称互联网UFO模型)。互联网思维是在互联网时代的大背景下,传统行业拥抱互联网的重要思考方式和企业管理新理念。

互联网时代对企业生产、运营、管理和营销等诸多方面提出了新要求,企业必须转变传统思维模式,树立互联网思维模式。运用大数据等现代信息技术实现企业的精细化运营;坚持以用户心理需求为出发点,转变经营理念,秉承极少主义、快速迭代和微创新原则,实现产品的极致用户体验。

(2) 推进企业互联网化的行动保障

政府通过加大中央预算内资金投入力度,引导更多社会资本进入,分步骤组织实施"互联网+"重大工程,重点促进以移动互联网、云计算、大数据、物联网为代表的新一代信息技术与制造、能源、服务、农业等领域的融合创新,发展壮大新兴业态,打造新的产业增长点。统筹利用现有财政专项资金,支持"互联网+"相关平台建设和应用示范。开展股权众筹等互联网金融创新试点,支持小微企业发展;降低创新型、成长型互联网企业的上市准入门槛,支持处于特定成长阶段、发展前景好但尚未盈利的互联网企业在创业板上市。鼓励开展"互联网+"试点示范,推进"互联网+"区域化、链条化发展。支持全面创新改革试验区、中关村等国家自主创新示范区、国家现代农业示范区先行先试,积极开展"互联网+"创新政策试点,克服新兴产业行业准入、数据开放、市场监管等方面政策障碍,同时研究适应新兴业态特点的税收、保险政策,打造"互联网+"生态体系。

2. 推进产业互联网化

推进产业互联网化,就是推动互联网向传统行业渗透,加强互联网企业与传统行业跨界融合发展,提高传统产业的数字化、智能化水平,由此做大做强数字经济,拓展经济发展新空间。数字经济特有的资源性、加工性和服务性,为产业互联网化提供更为广阔的空间。总体讲,产业互联网化就是推进互联网与第一产业、第二产业和第三产业的深度融合、跨界发展。产业互联网化的过程即是传统产业转型发展、创新发展和升级发展的过程。

目前,应该以坚持供给侧结构性改革为主线,重点推进农业互联网化,这是实现农业现代化的重要途径;重点推进制造业互联网化,这是实现制造业数字化、智能化的重要途径;重点推进服务产业的互联网化,这是推进第三产业数字化发展的重要手段。大数据的迅猛发展,加快了产业"互联网+"行动进程。未来某段时期内,大数据将推动金融、教育、医疗、交通和旅游等行业快速发展。

(三) 加快信息技术产业和数字内容产业发展

在数字经济时代,发达国家经济增长的决定性因素由要素投入的"规模效应"转变为知识"溢出效应",以信息数字技术为核心的知识密集型产业正在成为新的经济增长点。我国也应该顺应知识密集型产业发展的历史潮流,加快新一代信息技术创新,积极发展数字内容产业,通过产业融合和链条经济推动产业结构升级调整。

1. 加强新一代信息技术产业发展

当前,以云计算、物联网、下一代互联网为代表的新一代信息技术创新方兴未艾,广泛渗透到经济社会的各个领域,成为促进创新、经济增长和社会变革的主要驱动力。要加快发展新一代信息技术产业,加快建设宽带、泛在、融合、安全的信息网络基础设施,推动新一代移动通信、下一代互联网核心设备和智能终端的研发及产业化。加快推进三网融合,促进物联网、云计算的研发和示范应用,数字经济在我国将迎来前所未遇的发展机遇。然而,由于我国是在工业化的历史任务远没有完成的背景之下发展数字经济,必须积极通过新一代信息技术创新,发挥新一代信息技术带动力强、渗透力广、影响力大的特点,充分利用后发优势推动工业、服务业结构升级,走信息化与工业化深度融合的新型工业化道路。在实践方面,中国移动、中国联通、中国电信三大电信运营商和华为、中兴等电信设备提供商在积极探索、推动以无线上网、宽带接入为核心的信息通信技术的发展,取得了一定的成果,我国的信息通信产业正在日益成熟。

2. 重视数字内容产业的发展

数字经济已经从"硬件为王""软件为王"进入"内容为王"的时代,数字内容产业正逐渐成为增长最快的产业。我国必须统筹制定数字内容产业发展规划,加大知识产权保护力度,以链条经济充分带动数字内容产业的发展。

总之,数字经济在我国已经扬帆起航,数字经济正在打破传统的产业发展格局。为此,政府需要从数字经济发展的平台建设、"互联网+"行动计划、重视数字内容产业发展等方面采取措施,推进新形势下我国产业结构调整,提高信息化程度,积极应对数字经济发展。

第三节 数字经济的发展框架与对策建议

综观全球各主要经济体数字经济发展进程,一系列新问题与新挑战总是接踵而至,我国也不例外。故下面在分析数字经济发展中应该关注的问题的基础上,提出我国发展数字经济的战略框架,对如何促进我国数字经济健康发展及向数字化转型提出具体的对策建议。

一、发展数字经济的框架

从技术经济范式的角度看,科技产业革命特别是关键技术创新将深刻影响宏微观经济结构、组织形态、运行模式,进而形成新的经济社会格局。技术经济范式是一定社会发展阶段内的主导技术结构以及由此决定的经济生产的范围、规模和水平,也是研究经济长波的基本框架,是技术范式、经济范式乃至社会文化范式的综合。

技术经济范式主要包括三大部分内容:一是以重大的、相互关联的技术构成的主导技术体系,他们构成了新的关键投入,表现为新的基础设施和新的生产要素等;二是新技术体系的导入和拓展会对生产制度结构产生影响,引发创新模式、生产模式、就业模式等发生改变;三是新技术体系还会对社会制度结构产生影响,引起生活方式与社会治理方式等变革。

当前经济社会正处于从传统的技术经济范式向数字技术创新应用推动的数字技术经济范式转变。数字经济是数字技术驱动下,经济发展与政府治理模式加速重构的新型经济形态。

(一) 统筹构建"四个体系"为数字经济发展提供目标指引

"四个体系"具体包括构建数字经济创新体系,即发挥数字化引领创新先导作用,激发创新主体活力,优化创新体制,优化数字经济创新成果保护、转化和分配机制,塑造技术、产业、管理全面创新格局;构建数字经济产业体系,即以新一代信息产业为先导产业,促进数字技术与传统农业、工业和服务业的融合,培育成熟的数字经济产业生态体系;构建数字经济市场体系,即完善数据、资本及数字技术要素市场体系,并大力拓展国际市场,推动数字经济走出去,赢得国际优势;构建数字经济治理体系,即构建政策、法律、监管三位一体的协同治理框架体系。

基于生产要素创新、生产力提升和生产关系变革的视角,数字经济包括数字产业化、产业数字化、数字化治理、数据价值化。

一是数字产业化。数字产业化即信息通信产业,是数字经济发展的先导产业,为数字经济发展提供技术、产品、服务和解决方案等。具体包括电子信息制造业、电信业、软件和信息技术服务业、互联网行业等。数字产业化包括但不仅限于5G、集成电路、软件、人工智能、大数据、云计算、区块链等技术、产品及服务。

二是产业数字化。产业数字化也是数字经济发展的主阵地,为数字经济发展提供广阔空间。产业数字化是指传统产业应用数字技术所带来的生产数量和效率提升,其新增产出构成数字经济的重要组成部分。数字经济,不是数字的经济,是融合的经济,实体经济是落脚点,高质量发展是总要求。产业数字化包括但不限于工业互联网、智能制造、车联网、平台经济等融合型新产业新模式新业态。

三是数字化治理。数字化治理是数字经济创新快速健康发展的保障。数字化治理是推进国家治理体系和治理能力现代化的重要组成,是运用数字技术,建立健全行政管理的制度体系,创新服务监管方式,实现行政决策、行政执行、行政组织、行政监督等体制更加优化的新型政府治理模式。数字化治理包括治理模式创新,利用数字技术完善治理体系,提升综合治理能力等。数字化治理包括但不限于以多主体参与为典型特征的多元治理,以"数字技术+治理"为典型特征的技管结合,及数字化公共服务等。

四是数据价值化。价值化的数据是数字经济发展的关键生产要素,加快推进数据价值化进程是发展数字经济的本质要求。要"加快培育数据要素市场"。数据可存储、可重用,呈现爆发增长、海量集聚的特征,是实体经济数字化、网络化、智能化发展的基础性战略资源。数据价值化包括但不限于数据采集、数据标准、数据确权、数据标注、数据定价、数据交易、数据流转、数据保护等。

(二)着力部署"八个方面",为数字经济发展提供基础支撑

"八个方面"具体包括夯实综合数字基础设施、有效利用数据资源、加强技术创新力度、培育壮大新兴产业、改造提升传统产业、扩大升级有效需求、优化公平竞争机制、创新政府治理模式,促进数字经济快速发展。

二、促进我国数字经济健康发展的对策建议

数字经济发展过程中所遇到的问题与风险是数字技术推动经济社会转型,传统理论、旧体制与模式被逐渐替代环节中不可避免的现象,而这些问题与风险也只有在促进数字经济健康发展,其充分释放数字经济红利的过程中才能充分化解掉。

(一)建设全球领先的数字基础设施,夯实数字经济发展的根基

数字基础设施是发展数字经济、支撑国家数字化转型的重要基础和先决条件。我们要积极打造全球领先的数字基础设施。首先,要加快高速宽带网络建设,在开展大量研发试验的基础上,主导形成5G全球统一标准,力争在全球率先部署5G网络;其次,要顺应各行业各领域数字化转型需求,超前部署云计算数据中心、物联网等基础设施,积极发展卫星通信等空间互联网前沿技术,建设覆盖全球的空间信息系统,最后,要加快农村及偏远地区数字基础设施建设全覆盖,减小数字鸿沟,让全国人民共享数字经济发展成果。

（二）发展先进的数字技术产业，掌握数字经济发展主动权

数字技术产业是数字经济发展的先导产业，对数字经济的发展具有火车头式的带动作用。首先，应发挥我国数字技术产业体系完备、规模庞大，技术创新能力大幅提升的优势，抓住第四次产业革命换道超车与跨越发展的机遇，构建具有国际竞争力的数字产业生态体系，抢占数字产业全球价值链高端与主导权，为经济转型升级提供强大动力支持和产业保障；其次，要强化基础研究和前沿布局，通过自主创新，重点突破和国计民生相关的战略技术与数字经济长远发展的"卡脖子"技术，特别是在量子技术、人工智能、未来网络等前沿技术领域实现率先突破，并带动核心芯片、集成电路等薄弱环节实现群体性突破，构建安全可控和世界领先的数字技术体系；最后，发挥我国在大数据、云计算、物联网、人工智能等领域的比较优势与全球领先地位，构建数字"一带一路"，以此来深化数字技术的国际合作与布局。

（三）促进数字技术与传统产业的融合应用，充分释放数字经济发展潜力

我国服务业数字化变革已经走在世界前列，特别是新零售正带动我国的消费服务不断升级，而农业与工业的数字化转型升级则相对滞后，而且与服务数字化水平的差距越来越大。基于此，首先，要通过减税降费等机制体制改革充分释放政策红利，鼓励数字技术与农业、工业领域融合的新业态、新模式不断发展，切实降低企业数字化创新转型的成本负担；其次，面向重点领域加快布局工业互联网平台，鼓励广大企业依托工业互联网平台积极探索平台化、生态化发展模式，改造传统价值链、产业链、服务链与创新链，改善数字技术对传统产业的改造与创新；最后，要完善信息消费市场监管体系与网络安全防护体系，规范数据采集、传输、存储、使用等数字经济有关行为，加大对网络数据和用户信息的保护力度，充分激发民众数字消费潜力。

（四）减少数字技术对就业的结构性冲击，促进数字经济成果全民共享

数字技术对劳动力市场造成的结构性失业冲击，不仅关系到一国数字鸿沟与贫富差距问题的解决，甚至会影响一国整体的数字经济发展水平。基于此，我们应做到以下几点。首先，政府要与各方合作，开展面向全民的数字素养教育，特别是针对下岗失业、残疾人员等不适合固定场所就业的特定人群，可通过提供相应的数字素养培训和职业技能培训，协助其向数字经济领域转岗就业；其次，要全面强化学校的数字素养与数字技能教育，在各阶段开设网络和计算机基础知识、基本技能、人工智能等课程，使数字素养成为年轻一代的必备素质，在高校开设各种与数字技能有关的校企共建课程，通过举办各种技能竞

赛、创业集训营等方式培养数字技术高端人才；再次，借助数字技术打造各种就业、创业平台，持续降低创新创业的门槛和成本，支持众创、众包、众筹等多种创新创业形式，形成各类主体平等参与、广泛参与的创新创业局面，为社会创造更多兼职就业、灵活就业、弹性就业机会，增强劳动者在数字经济发展中的适应性与创新性，化解数字经济对就业的结构性冲击；最后，推进移动互联网、人工智能、大数据等数字技术在养老、医疗保障等社会保障领域的广泛应用，同时加快建立、完善适应数字经济发展的用工和劳动保障制度，加强对弱势群体的扶持力度，为个人参与数字经济活动保驾护航，促进数字经济发展的成果全民共享。

（五）逐步完善数字经济法治建设，全面提高数字经济安全水平

数据是数字经济时代的核心生产要素，数据涉及的领域众多，层面非常之广，国家应从战略高度重视数据开发利用、开放共享与数据保护，更应制定明确的法律规定与规章制度保障数字经济安全。首先，应不断完善数字产权、数字税收等与数字经济相关的法律体系，为数字经济发展提供必要的法律制度保障；其次，政府应结合我国数字经济发展实际，不断完善个人隐私保护与数字经济安全制度，为数字经济安全发展保驾护航；最后，要做好数据开放共享与数据保护之间的平衡，既要为数字经济创新发展留下适度的空间，也不能影响到数字经济的安全发展。

（六）及时进行组织管理变革，鼓励数字经济创新发展和相关理论研究

任何一个行业或企业的数字化转型都必然需要相应的组织管理变革与之配套，数字经济下，生产方式的数字化，必然要求生产组织管理方式的数字化与之相协调，才能更灵活地满足消费者的需求。首先，政府要简政放权，优化政府部门业务流程和组织结构，努力建设数字政府，并根据数字经济不同阶段的发展特点加大力度制定前瞻性的政策鼓励企业数字技术研发与创新，为其创新发展提供政策与制度上的便利；其次，数字技术日新月异，相应的商业模式、运营模式也层出不穷，不同类型的企业要结合自身数字化转型的优势与劣势，做好企业的组织、管理、流程数字化转型，并把数字技术积极应用于管理体系当中，实现更大的突破与创新；最后，对于高校与科研院所而言，要及时了解数字化转型过程中组织管理变革的相关知识理念，并在政府引导下，积极开展数字经济基础理论研究，探索数字经济基本理论与规律，还应建立适应数字经济发展需要的 GDP 统计与核算体系，为促进数字经济社会创新发展提供理论指导，为解决数字经济发展实践中出现的法律、道德与伦理等问题扫除障碍。

参考文献

[1] 王晓光. 财政与税收 第6版 微课版 [M]. 北京：清华大学出版社，2022.01.

[2] 鲁莉莉，范丽霞，马玉苗. 财政税收政策及发展研究 [M]. 北京：中国纺织出版社，2022.11.

[3] 杨光宇，程露莹，区俏婷. 宏观经济与金融风险管理研究 [M]. 北京：中国纺织出版社，2022.10.

[4] 蔡敏，李淑珍，樊倩. 现代企业财务管理与财政税收理论探究 [M]. 长春：吉林科学技术出版社，2022.08.

[5] 李贺，陈丽佳，张庚全. 财政与金融 [M]. 上海：立信会计出版社，2022.05.

[6] 程瑜. 行为主义视角下的财政理论与改革 [M]. 北京：中国财政经济出版社，2022.06.

[7] 郭玉芬. 现代经济管理基础研究 [M]. 北京：线装书局，2022.08.

[8] 陈晶. 经济管理理论与实践应用研究 [M]. 长春：吉林科学技术出版社，2022.08.

[9] 王业篷，宫金凤，赵明玲. 现代经济与管理的多维度探索 [M]. 长春：吉林人民出版社，2022.05.

[10] 谢芬. 国家治理与现代财政制度建设研究 [M]. 成都：西南财经大学出版社，2022.06.

[11] 李克红，胡彦平. 财政与税收 第3版 [M]. 北京：清华大学出版社，2021.11.

[12] 陈文军，徐中伟作. 财政与税收理论实务与案例 [M]. 北京：北京交通大学出版社，2021.03.

[13] 郭丹，李根红. 财政与金融 [M]. 北京：北京理工大学出版社，2021.01.

[14] 谷成. 税收与现代国家治理 [M]. 沈阳：东北财经大学出版社，2021.05.

[15] 刘盈，姜萍，李娟. 金融贸易发展与市场经济管理 [M]. 汕头：汕头大学出版社，2021.06.

[16] 何大义. 熵优化原理及其在经济管理中的应用 [M]. 北京：地质出版社，2021.11.

[17] 曹海原. 财政与金融 [M]. 哈尔滨：哈尔滨工业大学出版社，2021.10.

[18] 羊海燕. 税收诚信原则法治化研究 [M]. 长春：吉林大学出版社，2021.10.

[19] 张雪平. 财政理论与实践［M］. 杭州：浙江大学出版社，2021. 12.

[20] 许正中. 大国治理现代化的财政战略［M］. 北京：人民出版社，2021. 09.

[21] 应小陆，姜雅净. 税收筹划［M］. 上海：上海财经大学出版社，2020. 06.

[22] 李涛，高军. 经济管理基础［M］. 北京：机械工业出版社，2020. 08.

[23] 陈莉，张纪平，孟山. 现代经济管理与商业模式［M］. 哈尔滨：哈尔滨出版社，2020. 07.

[24] 姜晓琳，韩璐，杨硕. 财务会计基础及经济管理研究［M］. 北京：文化发展出版社，2020. 07.

[25] 麦文桢，陈高峰，高文成. 现代企业经济管理及信息化发展路径研究［M］. 北京：中国财富出版社，2020. 08.

[26] 罗红. 财政税收［M］. 合肥：安徽人民出版社，2019. 09.

[27] 徐娟娟. 财政与税收［M］. 天津：天津大学出版社，2019. 09.

[28] 韩小红，施阳. 财政与金融［M］. 北京：北京理工大学出版社，2019. 08.

[29] 高军. 经济管理前沿理论与创新发展研究［M］. 北京：北京工业大学出版社，2019. 11.

[30] 罗翔，张国富，杨帆. 国有资产与经济安全管理研究［M］. 北京：文化发展出版社，2019. 06.